流されて生きなさい

曹洞宗徳雄山建功寺住職
枡野俊明

廣済堂出版

まえがき

周りに流されることなく、自分らしく生きてゆきたい。

いつも自分自身に素直で、自然体で生きていたい。


そう願いつつも、気がつけば周りに流されている自分がいる。

ときに世間の波に飲み込まれ、悪戯《いたずら》にそればかりを追いかけている自分がいたり、人の言葉ばかりに気を取られ、つい無理をしている自分の姿に気づくこともあります。

そんな流されている自分自身の姿に触れたとき、とても情けない気持ちになることもあるでしょう。情けなく思うだけでなく、そんな自分自身を責めてしまうこともあるのではないでしょうか。

「どうして私は周りに流されてばかりいるのだろう」、「どうしてもっと自分らしく生きることができないのだろう」と。

自己否定と言えば大げさになるでしょうが、少なくともそんな自分を好きになることができなくなります。

おそらくこのような悩みを抱えながら生きている人は、とても多いのではないでしょうか。その悩みの大きさこそ異なれ、誰もが心に持っているものだと私は思っています。

どうして私たちはそんな悩みを抱えることになるのでしょう。

それはきっと、流されて生きるとはどういうことなのか、流されずに自分らしく生きるとはどういうことなのか、その答えが明確ではないからだと思います。

また、私たちの心のなかに「流されることは悪いことで、流されずに信念を持って生きることが良いことだ」という思い込みがあるからです。

そんなふうに決めつけることで、流されている自分に気がついたとき、自己嫌悪に陥ってしまうのかもしれません。

しかし、考えてみてください。私たちはみんな、社会の大きな流れのなかに生きています。

その流れに真っ向から逆らって生きることなどできないのです。

たとえば現代社会では、情報機器が急速な勢いで進歩を遂《と》げています。今や携帯電話を持っていない人などごく少数でしょう。あるいはわざわざ電話をかけなくても、メールを送れば用件はすんでしまいます。

私が小さかった頃は、十円玉を片手に公衆電話に行って電話をしました。用事があるときには手紙をしたためるのが当たり前でした。

私は今でも、大切な人には手紙を書きます。会いたいと思う友人がいれば、電話ではなく会いにも行きます。心が通じるとはそういうことからはじまると思っています。

しかし、そんな私でもパソコンや携帯電話を使っています。もしも頑《かたく》なに私がそれを使うことを拒んでいたら仕事は進みません。私が妙に手紙にこだわれば、周りの人に迷惑をかけてしまうこともあるでしょう。

そういう意味からすれば、私もまた社会の波に流されながら生きていることになるのです。

それでも、それが果たして「流されて生きている」ことになるのでしょうか。逆に言うと、社会の波に乗っていることが、自分を見失うことになるのでしょうか。

大切なことは、そのような表面的なことではないと思います。自分らしく生きるとは、そんな薄っぺらなことではないのです。

「白雲《はくうん》自在《じざい》」という禅語があります。

空に浮かぶ白い雲は、風に流されながら浮かんでいます。ときに強い風に流され、ときに無風のなかにぽっかりと浮かんでいます。

いずれにせよこの雲は、風の流れと反対に行くことはありません。

白い雲が自由に風に乗って運ばれていくように、人間の心もまた自由になること。大きな流れに逆らうことなく、自在に生きなさいという教えが、この言葉にはあります。

風に流されていく白雲は、ときに強い風によって霧散してしまう。つまりは消えてなくなってしまいます。

一見すると、ただ流されている白雲はやがては消えてしまう。そう思うでしょうが、実は消えてはいません。

雲というのは、小さな水蒸気の集まりです。目に見える大きな雲が風によって流されたとしても、一つひとつの水蒸気が消え失せたわけではありません。それらはしっかりと空のなかに息づいています。

私たち人間も、これと同じなのです。

大きな流れのなかで私たちは生きています。その流れと反対の方向に進むのはなかなか難しいことです。やがてはその流れに飲み込まれてしまうことになるでしょう。
しかし、たとえ流れに飲み込まれたとしても、「自分」という存在がなくなるわけではありません。「自分」を持ってさえいれば、流れのなかで行く先を見失うことはないのです。

大切なことは、「流されないで生きる」ことではありません。大きな流れに身を委ねながらも「自分自身を見失わないこと」なのです。

大きな社会の波のなかを、自由な心を持って泳いでいく。どんな荒波にもまれても、けっして自分を見失うことがない。頑なな心を解きほぐしながら、「自分らしい人生」を歩んでいくことです。
幸福とはそのなかに在《あ》るのだと私は思っています。

本書は、ただたんに流されて生きることのススメではありません。どうすれば本当の自分と出会うことができるのか。悪戯に流されて自分を見失わないようにするにはどうすればいいのか。そんなヒントを散りばめたものです。

合　掌

平成二九年八月吉日

建功寺方丈にて　枡野俊明

目次

第一章　感情を滞らせていませんか

第二章　ものに振り回されていませんか

第三章　悩みを解決しようとしていませんか

第四章　流されてたどり着く幸せ

第一章

感情を滞らせていませんか

嫌いな人を、無理に好きになる必要はありません。その気持ちは誰かに押しつけるものではなく、静かに抱えていればいいのです。

自分の気持ちを誤魔化すことなく、いつも素直な心でありたい。そんなふうに願っている人は多いのではないでしょうか。もちろんそんなふうに生きることができれば、きっと日頃のストレスから逃れることもできるでしょう。

しかし現実的には、なかなか素直な心のままで生きることはできません。周りの人たちとうまくつき合っていくためには、ときに自分自身を抑えなくてはならないことがあります。自分はやりたくないと思っても、周りの空気に押されてしまうこともあるでしょう。

「いつも周りの流れを気にして、自分の心を素直に表現することができない」

「ああ、私はなんて情けない人間なのだろうか」と、つい自分自身を責めてしまうこともあると思います。あまりにもそれが積み重なってしまうと、やがては自己否定につながります。

「なんて自分はダメなんだろう」という具合です。

きっと生真面目で気遣いのできる人ほど、そのように考えてしまうのではないでしょうか。

自分を素直に表現できないからといって、自分を責める必要はまったくありません。まして自分の素直な感情を無理して抑え込む必要もありません。

あなたが感じていること。あなたの心が訴えていること。それこそがあなた自身であり、あなたのあるがままの姿なのです。その心を閉じ込めておく必要などないのです。

「素直に感じること」と「素直に表現すること」は別です

では、どうして「素直になれない自分」をマイナスに捉える人が多いのでしようか。

それはきっと、素直な心をそのままに表現しようと考えるからです。

ふっと湧いてきた素直な感情。人はそれをそのままに表現することを願います。それを抑え込んでしまうと、あたかも自分自身に素直でないかのように思ってしまうのでしょう。

しかし、それは間違いです。

「素直に心が感じること」と「素直な表現をすること」とは別のことだからです。

湧いてきた感情をストレートに表してしまう。それはある意味では心地よいことです。しかし、それが許されるのは小さい子どもだけです。

子どもはとてもストレートに感情を表に出します。嫌なことは嫌だと言う。やりたくないことはやらないと言う。みごとなまでに素直な感情表現をします。

子どもはどうして自分の心に素直になれるのでしょう。

それは、彼らがまだ社会の流れというものを知らないからです。

人間は大きな流れのなかで生かされているということに、気づいていないからでしょう。

大人になれば、いわゆる空気の流れを知るようになります。いくら自分が嫌だと思っていても、それをそのままに表現することが憚《はばか》られ、やがて自分を抑えるようになっていきます。

たとえば会社の同僚に苦手な人がいるとしましょう。あるいは主婦仲間でどうしても好きになれない人がいるとしましょう。

好き嫌いを感じることは、悪いことでも何でもありません。ごく自然な感情であり、素直な気持ちです。

しかし、その感情をそれこそ素直に相手に伝えてしまえば、そこに摩擦が起きるのもまた当然のことです。

「私はあなたが嫌いなんです」

そう言ってしまえばそこで終わりです。言われたほうは何ともしようがありません。

自分に素直でいようとするあまり、「嫌いだ」とは言わないまでも、それを感じさせるような言動をとってしまうこともあるかもしれません。

それは「自分に素直に生きる」ことでも何でもありません。たんなる「子ども」です。

かと言って、好きになれない人がいるとすれば、無理をして好きになる必要はありません。

苦手だという素直な感情を無理やり消すこともありません。

その気持ちは、そっと自分の心に抱えていればいいのです。

もっと言えば、その人と会っているとき以外は、その人のことを考えないようにすればいいだけのことです。

どちらでもいいことは、流れに任せてみましょう

ＰＴＡの集まりなどで、あなたを含めて五人の委員が集まったとしましょう。

何かを決めようとしたとき、あなた以外の四人はAのやり方がいいと言う。しかし、あなたはBのほうがいいと考えている。会社のなかでもよくあることではないでしょうか。

そんなときには強く反対しないで、四人の意見に従うことです。どうしてもAが間違っていると思うときは別ですが、とくにどちらでも良いと思うようなことであれば、その流れに身を任せてしまうことです。流れに乗ってしまえばいいのです。

流されつつも、自分が抱いた素直な気持ちは持っていればいいのです。

自分の素直な気持ちまでも譲ることはありません。

みんなの意見に従わなければ……と考えるから、なんとなく自分を否定する気分になるのだと思います。

「今回はみんなの意見に従うことにしよう。しかし、私はやっぱりBのほうがいいと思う」

そのように考えてみればいいのです。

自分に素直でいることと、それを相手に押しつけることは違うものです。

自分の素直な気持ちのままに生きていたい。誰もがそう願っています。

しかし、それが一〇〇％叶うことなどありません。

もしも一〇〇％素直に生きようとすれば、それこそ逆風のなかを突き進むようなもので、それでは疲れきってしまうことになります。

素直に生きるということは、素直な自分の心を大事にすることだと思います。

いつもその気持ちと向き合っていてください。

それさえできれば、自分の心を見失うことはないのですから。

「毎日がつまらない」と感じるのは、「当たり前」を疎《おろそ》かにしているからです。「当たり前」のことに心を込めることが大切です。

「毎日がつまらない」

「同じことばかりの繰り返しの日々。私はいったい何をしているのだろう」

「ああ、なにか面白いことがないかな」

そんなふうにつぶやくことはありませんか。

別に不満があるわけではないのですが、なんとなく毎日の生活に充実感が持てないでいる。漠然とした不満がいつも心のなかにくすぶっている。心当たりがある人も多いかもしれません。

毎朝早くに起きて、子どもたちやご主人のお弁当をつくる。慌ただしく送り出すと、次には洗濯と掃除が待っています。気がつけばお昼の時間。適当にお弁当の残り物を食べて、ほっと一休み。時計を見て慌てて買い物に出かけて、今晩と明日のお弁当のメニューを考える……。

「いったい私の人生は何なのだろうか」

ついそんなふうに考えたりすることもあるでしょう。

専業主婦だけでなく、仕事をしている人も同じようなものです。

毎朝決まった時間に家を出て、満員電車に揺られながら会社にたどり着く。決められたデスクに座り、決められた仕事を淡々とこなしていく。

「ああ、私はこのまま仕事を続けていていいのだろうか。もっと違う人生があるのではないか。もっと楽しくてワクワクするような生活がどこかにあるのではないだろうか」

会社からの帰り道にふと、そんなふうに思ったりすることもあるでしょう。

ワクワクするような「ハレの日」は、年に数回しかないものです

私たちはみんな、淡々とした日々のなかに生きているのです。

胸を躍らせるような楽しい時間や、いつもとはまったく違う時間がくることはなかなかあるものではありません。

そんな「ハレの日」は一年に数回しか訪れないものなのです。ところが私たちは、つい「ハレの日」を待ってしまいます。そして、何も変わらない日常は面白くない、意味がないと勘違いしてしまうのです。


私たち禅僧は、最期のときを迎えるその日まで修行だと考えています。

実際に私自身の生活について申せば、淡々とした日々どころではありません。毎朝四時半には起床し、境内の門やお堂の戸を開け、掃き掃除をしていると坐禅の時間が訪れます。短い時間ですが、坐禅をしたあとに朝課という朝のお勤めを行います。そして朝ご飯をいただき、再びお寺の仕事に取りかかる、といった具合です。

私は住職としての仕事だけでなく、アトリエでデザインをしたり大学で教鞭《きょうべん》をとったり、またこのような原稿を書いたりしていますので、それらはお寺の仕事と修行をしっかりとこなしてからやることになります。

仕事で海外などに行ったときは、多少ゆっくりとすることもありますが、大きな変化はありません。

この生活のリズムはほとんど毎日変わることはありません。

つまり私の人生の大半は、こうした淡々とした修行の時間で埋められているのです。

みなさんが日々行っている家事や仕事を修行だと言うつもりはまったくありませんし、怠ってはならないと言うつもりもありません。

ただひとつ言えることは、みなさんが日々淡々とこなしているそれらのことは、とても大切なものだということです。

「人生において大切なこととは何でしょう」

「私が真にやるべきこととはいったい何なのでしょうか」

ときにそのような質問をされることがあります。みんなが「自分にとって大切な」ものを探しているのでしょう。

そんな人に私は答えます。

「あなたがもっとも大切にしなくてはいけないこと。あなたの人生で今いちばんやらなくてはいけないこと。それはきっと、あなた自身の日々の暮らしのなかにこそあるのですよ」と。

同じ環境の田んぼでも、収穫に差が出るのは、どうしてでしょう

私はよく、田んぼとお米の話をします。

同じ村のなかにたくさんの田んぼが並んでいます。同じ村にあるのですから、それぞれの田んぼの環境はほとんどみんな同じ条件だとします。

たとえば、日当たりも同じですし、水路の流れも一緒。にもかかわらず、お米がたくさん収穫できる田んぼとそうでない田んぼが出てくる。なかには特別に美味しいお米を育てられる人もいます。

ほとんど変わらない環境の田んぼにもかかわらず、どうしてこのような差が生まれてくるのでしょうか。

その差が生まれる原因はただひとつだけです。

それは田んぼを育てる農家の人が、「心」を込めているかどうかなのです。

田植えがはじまる前から土の手入れをし、どんな堆肥《たいひ》を今年は撒《ま》こうかと考え尽くしている。日々の手入れを一日たりともサボることがない。たとえ作業がない日でも、とにかく自分の田んぼに足を運び、しっかりと土の声に耳を傾けている。

つまりは、「農家の人間としてやるべき当たり前のこと」に、一生懸命に取り組んでいるのです。

そんな人が育てるからこそ美味しいお米が育っていくのです。

「ああ、来る日も来る日も田んぼを耕してばかり。もっと楽しいことはないかな」

そんな気持ちを持って耕したところで、田んぼが応《こた》えてくれるはずはないのです。

私たちはつい、日々の暮らしのなかに埋もれている「当たり前のこと」を疎かにしてしまいがちです。それらを「つまらないこと」だと思ったりしてしまう。そして日常にはないものばかりを求めてしまう。

しかし、その「当たり前にやるべきこと」のなかにこそ、あなた自身の大切なものが隠されているのです。そのなかにこそ、人生の芯があるのです。

もしも今「自分はつまらない日々を送っている」「淡々とした日常に流されている」と感じている人がいるならば、もう一度、一つひとつのやるべきことに目を向けてみてください。そして、それらを心を込めて一生懸命にやってみてください。

自分自身の日々の生活に心を尽くすことで、やがてはあなたの人生の田んぼが良きものに育っていく。それが実りある人生につながっていくのです。

自分に何かを足しても、心は満たされません。自分から何かを引いてみることで、大切なものが見えてくるのです。

人は誰でも落ち込むことがあるでしょう。いつもうまくいくわけではないですし、たとえ自信たっぷりに見せていても、心のどこかに自信をなくした自分がいることもあります。

「ああ、自分はなんてダメで情けないんだろう」

ときにそういう思いになることがあるものですが、その気持ちをいつも引きずっていてはいけないのです。

自分で自分のことを否定することほど、人間にとって苦しいことはありません。

誰かほかの人から否定されたり、あるいは嫌われたとしても、それは解決できることです。でも、自分で自分のことを否定したり、嫌いになったりすると、もう逃げ場がなくなってしまいます。

自分から逃げることはできません。その結果、心はどんどん追い詰められていくのです。

人と比べず。もっと自分を褒めてあげましょう

「自分はダメな人間なんだ」

そんなことを思う必要などどこにもありません。

そのためには、自分のことをもっと大目に見てあげることです。多少失敗したとしても、「次にがんばろう」、それでいいのです。

何をやってもうまくいかないときにも、まあいつかはうまくいくだろう、と構えていればいいのではないでしょうか。

自分を甘やかすのはいけないことだと考える人が多いようですが、ときには自分を甘やかすのも大事なことです。

自分を甘やかすことで誰かに迷惑をかけてはいけませんが、そうでない限りは、少しだけ自分に優しくすることも、ときには必要なことなのです。

ではどうして自信が持てなかったり、自分のことが嫌いになったりするのでしょうか。

その大きな原因は、自分と他人を比べているからです。もちろん私たちは社会のなかで生きていますから、ほかの誰かと比較することは当然あります。誰かと比べることで、もっと自分を高めたいという気持ちにもなります。

しかし、必要以上に比べることをしてはいけないのではないでしょうか。

たとえば、隣のAさんは、ふたりの子どもを育てながらも、会社でバリバリと仕事をしている。いつも自信に満ちあふれて、颯爽《さっそう》と歩いている。そんなAさんの姿を見るにつけ、落ち込んでしまう自分がいたりもします。

自分も同じように子育てをしているけれど、私の仕事はスーパーのパート。特別な資格や秀でた能力もなく、「あなたにしかできない」と言われるような仕事ができるわけでもない。Ａさんのことが羨ましい……。

この小さな妬みが自分を否定することにつながっていくのでしょう。

しかし、ＡさんはＡさんの人生を歩いているだけで、あなたにはあなたの生きる道があります。


二つの道を比べたところで何の意味もないのです。


そんなことをするよりも、今の自分を褒めてあげることです。

子どもを幼稚園に送り出し、午後からはスーパーでパートとして一生懸命にレジを打っている。そんな自分のことをもっと褒めてあげることです。

自分には自分の人生があり、自分が歩むべき道がある。それなのにその道を一生懸命に歩く努力を怠って、他人の人生と比べてばかり。**それはつまり「他人の人生に流されている」ということになるのです。**

同じ流されるのであれば、自分の人生に流されたほうがいいのではないでしょうか。

自分に与えられた人生の波に流されたほうがいいと思います。

足し算をすることは、抱えきれないものを背負うことです

人生という川の流れは、人それぞれに違うものです。

無理をしてAさんの川を泳ごうとしても、きっと溺れてしまうだけでしょう。

誰かと比べることによって自信がなくなったり、自分のことをダメだと思ってしまったとき、人はつい自分自身に何かを足そうとします。

自分が持っていなくて、相手が持っているもの。それを手に入れようと必死になります。

それが努力によって手に入るのであればそれでいいでしょう。しかし、いくら努力しても手に入らないものを追い求めることで、やがては自分はダメな人間だと思うようになるのです。

自分に足りないものを追い求め、必死になって足し算をしようとすることは、抱えきれないものを抱えようとすることです。

それが自分の心を苦しめているのだと思います。

足し算ではなく、引き算をすることです。

今あなたが抱えようとしているたくさんのもの。誰かのことを羨ましいと思い、自分も手に入れようとしているもの。仕事であったりお金であったり、あるいはキャリアであったり……。

それらは本当に今のあなたに必要なものでしょうか。

もしも、今の自分には必要がないと思うのであれば、それらを手放してみることです。

ほしいと思う気持ちを手放してみることです。

こうして心の引き算をすることで、今大切なものがはっきりと見えてきます。

心の荷物を下ろしてしまうことです。

荷物を積みすぎた帆船はなかなか進むことはできません。

不要な荷物を下ろし、身軽になった帆船は、風を受けてスイスイと進むことができます。

人生もこれと同じです。

心の荷物を軽くすることで、自分の人生の川の流れに乗ることができます。心地良い幸せという風も、そこには吹いてくるでしょう。

そうして進んでいくなかで、本当に必要となったものだけを積み込んでいけばいいのです。

何もできない、何の才能もない人間など、この世にひとりもいません。人の数だけ役割がある。それが禅の教えです。

怒りを感じるのは悪いことではありません。大切なのは、流してしまうこと。感情を抱えているから苦しくなるのです。

私たちの心には喜怒哀楽という感情があります。

嬉しいことがあれば喜びますし、悲しい出来事があれば涙があふれてくる。あるいは自分の意に反することが起こると怒りを覚えたり、うまくいかないときにはイライラしたりもするものです。

一般的に言われていることは、こうした感情を表に出すことは悪いこと。そういう人は感情的な人だと。

たしかに自らの感情をあまりにストレートに表すことは好ましいことではないでしょう。怒りを直接的にぶつけてしまえば、そこで人間関係が悪くなることもあります。悲しみをぶつけたところで、相手がその悲しみを受け止めてくれるとは限りません。

悲しみの感情を互いに理解し合うためには、お互いが同じ悲しみを経験していなければなりません。

怒りの感情もまた同じでしょう。

そうした自分の感情を、気持ちのおもくままに表に出すことはやはり控えたほうがいいと思います。

ただし、心のなかに湧いてきた感情を、無理やりに消し去ろうとすることもありません。悲しいときにはその悲しみと真正面から向き合えばいいのです。ときには怒りの感情に包まれることもあるでしょう。その自分自身の怒りを否定することはありません。

あまりに感情を抑え込もうとすれば、やがては無感情の人間になってしまいます。

何をしても喜ぶこともできず、何を見ても悲しみが湧いてこない。このような人はまるでロボットです。

そんなことはありえないと思うでしょうが、あまりに自分の感情を抑え込んだばかりに、無感情になり表情がなくなったという例もあるそうです。

「ご住職さんは、本当にいつもニコニコされていて穏やかですね。怒ったり悲しんだりすることはないのですか?」

そう聞かれることがあります。

周りからはそう見られているようですが、本人としてはとんでもありません。もちろん禅僧としては、常に穏やかな心持ちでいることが理想ですが、実際はなかなかそうもいきません。

いくら修行を積んできた私でも、日々さまざまな感情は湧いてきます。人に腹を立てることもありますし、万歳をして喜びたいような嬉しいこともあります。そんな自らの感情を受け入れつつも、それを表に極端には出さないように心がけているのです。

心のなかで「南無釈迦牟尼仏《なむしゃかむにぶつ》」と三回唱えてみましょう

どうすれば感情を表に出さずにすむのか。

私が心がけているのは、その瞬間は喜びや悲しみ、怒りなどを正面から受け入れても、その湧き出てきた感情を一瞬で流してしまうということです。

感情のほとんどは、実はほんの一瞬のものです。長い時間をかけて生まれてくるものではありません。何かの拍子にいきなり現れてくるのが感情です。

いきなり現れてきたそれを、そのまま表してしまうから、さまざまな衝突が生まれます。

まずはいったん心から流してしまうことです。

たとえば私のなかに怒りの感情が生まれたとします。そして目の前の相手に強い言葉を投げかけたくなったとします。

そんなとき私は、心のなかで「南無釈迦牟尼仏」と三回唱えるようにしています。時間にすればほんの数秒のものでしょう。

しかし、ほんの数秒間でも怒りの感情を流すことで、不思議と心は穏やかになるものです。

これは怒りが消えたということではありません。怒りという感情に流されなくなったということなのです。

怒り続けるということは、過去に留まっているということ

「腹が立つのは自分が悪いのだ。自分が怒らないようにすればいいのだ」

そんなふうに考える必要などありません。腹が立ってもいいのです。怒りを覚えてもいいのです。

しかしたとえば子どもが言うことを聞かないとき。すぐに感情的に怒るのではなく、心で呪文を三回唱えてみましょう。「落ち着け」でもいいでしょうし「まったくもう」でもいいでしょう。

どんな言葉でもいいですから、自分の心に語りかける呪文を持っておくこと。

その呪文を三回唱えてから子どもを叱ることで、ずいぶんと言葉は柔らかくな

るものです。

ご主人に頭にくるようなことを言われたとき。すぐに言い返すことをせずに、「十分経ってから言い返そう」と考えてみてはいかがでしょう。

そうして十分間は怒りの感情を感じて流してみる。十分経つと多くの場合、怒りの感情は半分になっているものです。その半分になった感情くらいは、ぶつけてもいいのではないでしょうか。

「十分くらいでこの怒りが収まるはずはない」、「この怒りは一週間経っても消えるはずがない！」。そう思う人もきっといるでしょう。

そういう人は、少し考えてみてください。腹を立てている時間こそ、まったく無駄な時間だと思いませんか。

それなのに、どうして怒りを持ち続けてしまうのか。

それは、過去のことだけに心をとらわれているからです。

いつまで経っても、ご主人が言った一言にばかり心を奪われているからです。

もちろん、よほどのことを言われたとしたら、忘れることはできないでしょう。わざわざ忘れる努力をする必要もありません。

しかし、せっかく今日という日を生きているのですから、過去の怒りばかりを思い出していてはもったいないと思いませんか。

今日という日が台無しになってしまいます。

日々湧いてくるさまざまな感情。それはとても大切なものです。その感情こそが自分自身とも言えます。心に感じた喜怒哀楽こそが、生きている証拠でもあります。

そんな自分の感情を大切にしながらも、そこに留まっていてはいけません。

一時の感情にばかりとらわれていては、明日の自分はやってきません。

大切なのは、昨日の自分ではなく、今日の自分です。

今日を生きるためにも、さっさと嫌な感情は流してしまうことです。

「もう限界だ」と思ったら、逃げてしまいましょう。人生には、たくさんの選択肢があります。そこにしがみつく必要はありません。

「もうこれ以上は、私には無理！」

「もう限界！」

そんなふうに思うことは、日常生活にいろいろあるものです。

「もう限界だ」と心が感じたのであれば、それに従うことです。

心の叫びに耳を傾けないで、さらに努力をし続ければ、やがて心は壊れてしまいます。

たとえば腕立て伏せが五回しかできない人に、「十回やってください」と言ったとしましょう。頑張ってチャレンジしても、せいぜい六回しかできません。

精神的に頑張ろうとしても、身体は動かない。これは身体がその人の限界を教えてくれているからです。「もうこれ以上はできないよ」と。

そうなれば、身体の声に従うしかありません。

ところが心というものは、いい意味でも悪い意味でも無理がきくものです。

「もう限界だ」と心が感じたとしても、その一方では「いや、まだ自分にはできる。こんなことでくじけてはいけない」と励ます自分がいます。

もちろんそれはとても大切なことで、多少の無理を自らに課すことで、自分自身を高めることができます。あまりにあっさりと諦めてしまえば、成長する機会を失ってしまうことになります。

頑張りすぎることは、川を逆行して泳いでいるようなもの

「もうこれ以上は無理！」と言葉に出せない、思ってはいけないという人がいます。こんなことを言うのは恥ずかしいことだ。限界を決めてはいけない。もっと努力をしなければ……。とても生真面目な人です。

もしかしたら日本人にはこのようなタイプの人が多いのかもしれません。

生真面目に、つい頑張りすぎるタイプの人たちは、少しだけ視点を変えてみませんか。

たとえて言うなら、今あなたが泳いでいるのは流れの速い川のようなものです。激流のなかを必死になって泳ごうとしているのです。

いくら必死に泳いでも、なかなか前には進みません。そこで無理をして泳ぎ続ければ、やがては溺れることになってしまいます。

そんなときには、その川から出て、違う川を泳げばいいのです。

隣の川は、緩やかな流れかもしれません。あるいはそのまた隣の川は流れもなく、楽しみながら泳ぐことができるかもしれません。

人生には、いろんな川が流れているのです。

この川しか自分にはない。この川を泳ぎきることこそが自分の人生なのだと決めつけることはありません。自分に適した川を泳げばいいのです。

ときに休息をとってみると、もしかすると再び激流の川に興味が向くかもしれません。「チャレンジしてみようか?・」と。
そのときにはきっと、飛び込む勇気や気力が漲《みなぎ》っているのではないでしょうか。

頑張る人は、周りの人にもそれを押しつけてしまうものです

もうひとつ言えば、頑張りすぎる人というのは、つい自分以外の人にもその頑張りを押しつけてしまいがちです。自分も頑張っているのだから、みんなも同じように頑張るのが当たり前だ、と。

それが周りの人たちの心を壊してしまうことにもなるのです。

子育てを例にとってみましょう。
親にとって子どもはもっとも大切な存在です。大切だからこそ、より良い人生を歩んでほしいと願います。その思いが募りすぎると、つい子どもに無理強《じ》いしてしまうこともあるのです。

現代は情報化の時代です。大量の情報がネットなどにあふれています。たとえば「五歳の子ども」と検索をかけると、そこには五歳児の平均値というものが出てきます。

五歳児の体重の平均は〇キログラムで身長の平均は〇センチ。理解力はこれくらいで、運動能力はこれくらい、簡単な足し算ができるのは当たり前で、駆けっこの平均は何秒……という具合です。

それを見た親は、その平均値と我が子をつい比べてしまいます。平均値よりも勝っていれば喜び、平均値に達していなければ焦りを覚えてしまう。

しかし、その平均値をすべて兼ね備えている子どもは、実は存在しないと言われています。当たり前のことです。

すべての子どもには個性があり、それぞれに得意なことも苦手なこともあります。それを頭ではわかっていても、つい無意味な平均値と我が子を比較してしまうのです。実体のない情報に流されている、ということになるのです。

それに加えて、親は自分が子どもだった頃と我が子を比べたりもします。

「お父さんは運動会でいつも一番だったぞ」

「お母さんは算数がとても得意だったのよ」

子どもにとってみれば、「だから何なの?」ということです。

要するにこれは、親が自分が泳いできた川と同じ川で子どもを泳がせようとしているわけです。

同じ激流のなかを泳ぎなさい。そこから逃げないで必死に努力をしなさい、と。それを喜んでできる子であればいいのでしょうが、できない子もいるものです。

会社でも同じことがあります。上司はつい自分が泳いできた川と同じ川を部下にも泳がせようとします。自分が泳ぎきったのだから、君にもできるはずだ、という具合です。

なんとなく格好のいい言葉のようにも聞こえますが、それはたんにその上司が「その川しか知らない」ということではないでしょうか。

自分が泳いできた川を否定する必要はありませんが、相手が泳いでいる川も認めてあげなくてはいけないということです。

さらに言うなら、もしも限界のなかで泳いでいる人がいたならば、その人を川から引き上げてあげなくてはいけません。

「大丈夫？　少しやり方を変えてみてはどう？」と。

夫婦の間でも、どちらかの心が「もう無理だ」と叫んでいたら、そのときにこそ寄り添ってあげることです。

相手の心の限界を察してあげる。それこそが夫婦の絆です。

「もうこれ以上は無理」と心が叫んだときには、そこから逃げてしまうことです。そして誰かに頼ってしまうことです。

逃げたり人に頼ったりすることは、けっして恥ずかしいことではありません。長い人生のなかでは当たり前のことだと考えてください。

人生の流れはひとつではありません。今のあなたにとって心地良い流れに身を任せてください。

ダイエットに励むより、「腹六分目」を心がけましょう。必要な栄養は、身体が教えてくれます。

健康志向やダイエットブームが、相変わらず世の中を席巻《せっけん》しています。誰もが健康でいたいと願うのは当たり前のことですし、時代が変われど、健康で美しくいたいというのは女性としての当然の欲求でしょう。

ダイエットブームは手を替え品を替えやってきます。

こんな食品がダイエットにはいい、こんな運動をすれば痩せることができると、よくもここまでいろいろと登場してくるものだと感心するほどです。

身体に良さそうなもの、ダイエットに効き目がありそうなものを、試してみることは悪いことではないでしょう。そんな流行を日常生活のなかに取り入れることも、また新鮮な気持ちになるものです。

ただし、あまりにも極端に影響されると、ダイエットの本質を見失ってしまうことがあります。

ある女性が、今話題の糖質制限ダイエットを実践し、日々の食事のなかで極力糖分を控える生活をしていたそうです。

しかし、一か月経っても二か月経ってもなかなか効果が現れません。糖質を控えているのにもかかわらず、反対に体重は増えていきました。さらには身体の調子もさえなくなってきました。

よくよくその女性の暮らしぶりを聞いてみると、食事には気をつけているものの、そのほかの生活にはまったく無頓着。毎日夜更《ふ》かしをして、休日には一日中ベッドのなかにいるそうです。

たしかに糖質を控えた食事はしていますが、深夜の二時に夕食をとったりしています。そんな生活をしていれば、身体のどこかに無理がかかるのは当たり前のことです。

同じリズムで生活することで、心身は整います

健康を保ついちばんの秘訣《ひけつ》は、規則正しい生活を送ることです。

私はいつもほぼ同じ時間に起床し、できる限り十時前には床につくように心がけています。

食事は基本的には一汁一菜です。通常は肉はほとんど食べずに、野菜とお米が中心です。それが私の基本的な食生活です。

ただ、現代社会で暮らしている限り、そんな食事を貫くことはできるものではありません。家族とともに夕食を食べるときには、私も家族と同じようにカレーライスも食べます。あるいは外での会食があれば、みなさんと同じものをいただきます。みなさんが肉料理を食べているのにもかかわらず、私だけ精進料理を食べるということはしません。そのようなときには、ご供養としてありがたくご馳走になります。

頑なに考えるのではなく、社会に合わせた食生活をしつつも、基本はあくま

でも野菜中心の食生活を心がけています。

そして出来る限り毎日、同じリズムで生活をする。それを心がけることで、身体も心も整ってくるのです。

私はよく「ご住職の肌は透き通るようにきれいですね」と言われます。たまにテレビなどに出演するときはメイクをしてもらいますが、そのメイクの人たちがいつも驚いています。もちろん肌の手入れなどはしていません。

多少現代風になってはいるものの、昔から続く禅僧としての生活をしていれば、肌もきれいになり、体重も増えることなどないのです。

雲水修行中は、野菜とお米があれば十分です。もちろんはじめのうちは身体が慣れていませんから、脚気《かっけ》や栄養失調に誰もがなります。でも自然と身体は慣れていくものです。

精進料理を召し上がったことがある方もいるでしょうが、精進料理には肉や魚はいっさい使われていません。それでも、一般の精進料理には野菜のてんぷらだけは必ずついています。

それは、油分が人間の身体に不可欠であることを、先人たちは知っていたからでしょう。油分が失われると、人間はたちまち病気になってしまうそうです。

油分を断つことは、身体にとっての大敵になる。「油断大敵」という言葉はここから生まれたとのことです。

惰性で食事をするのではなく、身体の声に耳を傾けましょう

身体の健康を維持するために、どのような栄養素が必要か。どれくらいの量が必要か。その答えはどこにも書かれていません。

一日に何キロカロリー必要だとか、何十種類の食品が必要だとか、そんなデータが示されていますが、それを鵜呑《うの》みにしないことです。

自分の身体にとって必要な栄養とその量は、自分自身の身体が教えてくれるものです。

身体が糖分を欲するときには、甘いものが食べたくなります。塩分を求めて

いるときには、味噌汁が飲みたくなるでしょう。
反対に、栄養が十分に足りているときには、自然と食欲はなくなってくるものです。

身体が発する声に敏感になることです。

今この本を読みながら、三時のおやつを食べているあなた。そのおせんべいは、本当にあなたの身体が欲しているものですか。そのケーキは本当に身体が求めているものですか。もしかしたらそのおやつは、あなたの目や脳が求めているだけではありませんか。

身体が求めていないとしたら、今すぐおやつを食べることをやめましょう。その小さな心がけこそが、健康で美しい身体をつくるのです。

大切なのは惰性で食事をしないと心がけることです。

「腹八分目」という言葉があります。これは昔の人が健康のために使った言葉です。食べ物が豊かになり、栄養過多の時代になった今は「腹六分目」くらいが丁度いいと私は考えています。

はじめのうちは「腹六分目」では物足りなく感じるでしょう。しかし、それはすぐに慣れてきます。そういう身体をつくってしまうことで、自然とダイエットにつながっていきます。

健康ブームやダイエットブームに流されてはいけないと思います。

自分に合うと思うものは取り入れればいいのですが、それに流されてはいけないのです。

自分の身体の声を聞かずして、健康などありえないのですから。

めんどくさいことは、自分で生み出しています。シンプルな生活をすれば、めんどくさいことはひとつもありません。

「ああ、めんどくさい」

「どうしてこんな煩《わずら》わしいことをしなければいけないの」

ついそんなふうに思ってしまうこともあるでしょう。

目の前にやらなくてはいけないことがあるのですが、めんどくさくてやる気にならない。あまりにもやるべきことがたくさんあって、何から手をつけていいのかわからない。考えているうちにもうどうでもよくなってくる、ということがあるのではないでしょうか。

日々の生活のなかには、こうした「めんどくさい」があふれているものです。

この「めんどくさい」について考えてみたとき、私はふと思うのです。

私が幼かった頃、父や母の口からこの言葉を聞かなかったような気がするのです。私の父もまた禅僧であり建功寺の住職でしたから、めんどくさいという言葉を使うことはありませんでした。日々の自らが決めた生活に専念しているわけですから、めんどくさいなどという感覚は持つはずもなかったのでしょう。父がこの言葉を発しないことはわかるのですが、思い出してみれば母や周りの大人たちからも、あまりこの言葉を聞きませんでした。

どうしてなのでしょう。

めんどくさいと思うことは、する必要のないことかもしれません

昔は今の時代のような便利な家電製品などはありません。洗濯は洗濯板を使って手で洗っていました。掃除も箒《ほうき》と塵《ちり》取りを使ってやっていたのです。時間も手間も今とは比べものにならないほどです。

それでも昔の人たちは、そうした日常生活の営みをけっしてめんどくさいとは思っていませんでした。

それはきっと、生活そのものがとてもシンプルだったからだと思います。

朝起きると畑に行って農作業をする。日が暮れるまで一生懸命に働き、夕焼けのなかを家路へと急ぐ。家族が揃って夕食を食べて、疲れた身体を休めるために床につく。そして再び朝が訪れる。

淡々とした日々の繰り返し。きっと当時の人たちは、そんな暮らしに穏やかな幸せを感じていたのだと思います。

それに比べて現代社会は、なんとも忙しくなってしまいました。

要するにやるべきことがいつも目の前に山積みになっている。便利な機器が登場して、時間的には余裕が生まれたはずですが、なぜだかどんどん忙しくなっています。

「あれもやらなくては、これも明日までにやらなくては」と、常に何かに追い立てられるように忙しく生きています。

そして、予定通りにできなかったとか、やり残しがたくさんあると言って自己嫌悪に陥る人もいるのです。

「忙しさ」と「めんどくささ」と「自己嫌悪」のなかで喘《あえ》いでいるのです。

もしも今、あなたの生活に「めんどくさい」があふれているのであれば、自分自身の生活そのものをもう一度眺めてみるといいでしょう。

あなたが「やらなくては」と思っていること。それは本当に「やらなくてはいけない」ことなのでしょうか。

メールをチェックしなくてはいけない、ブログを更新しなくてはいけない、友だちとランチの約束をしなくてはいけない、一日に三十分はランニングをしなくてはいけない、などなどあふれんばかりの「やらなくてはいけないこと」に追い立てられているのです。

それらは、本当にあなたの人生にとって重要なものなのでしょうか。

「やらなくてはいけない」と思い込んでいませんか？

時代や環境があなたを忙しくしているのではありません。

やらなくてはいけないことが増えているわけでもありません。

「やらなくてはいけないこと」のほとんどは、実はあなた自身が勝手にそう思い込んでいるだけではないでしょうか。

自分自身の生活を見直すために、たとえば今あなたが「やらなくてはいけない」と考えていることを書き出してみることです。

それらを冷静になって眺めてみると良いでしょう。これは本当にやらなくてはいけないのだろうか。禅的な視点とは異なりますが、何も今やらなくても、明日でも一か月先でもいいのではないだろうかと、自らの生活を俯瞰《ふかん》して眺めることで、本当に大切なことが見えてくるのです。物ごとの本質も見えてくるものです。

たとえば子どもが夏休みになると、「どこかに旅行に行かなくてはいけない」とつい思い込んでしまう人も多いと思います。行きたい場所などとくにはないのに、とにかく家族旅行をしなくてはいけないという気持ちが強く湧いてくる。みんなが行くから我が家も同じように旅行に行かなくてはいけないと思い込んでしまう……。

大切なことは、子どもと一緒の時間を過ごすことではないでしょうか。子どもの姿をいつもよりよく見てあげること。それこそが夏休みにすべきことだと思います。

わざわざ遠くまで出かけて渋滞にはまってイライラする親の顔を見て、果たして子どもたちは楽しい気分になるでしょうか。

子どもと一緒にどのような時間を過ごしたか、それが大切なのです。

「やらなくてはいけない」という思い込みに流されずに、もっとシンプルに暮らしてはいかがでしょうか。

自分が本当にやるべきことに目を向け、自分の人生にとって大切だと信じることだけと向き合っていく。そんな生活をしていると、自然と「めんどくさい」という言葉は出なくなってくるものだと思います。

今の時代は選択肢がとても多いので、その気にさえなれば何でもできますし、どんな道にも進むことができます。

選択肢が多ければ多いほど、人生の可能性が開かれているような気がします。

しかし、私は思うのです。その選択肢のほとんどは幻想なのではないかと。

いかに選択肢が多くても、自分の力量や好みに照らし合わせていくと、実は自分の前にある選択肢はそれほど多くはないことがわかります。

仏教では、人にはみんなそれぞれ与えられた役割があると教えています。

しかし、世の中の風潮に流されて、つい自分の役割以外のことをしようとしてしまうのでしょう。

今やるべきことから目を背けて、できないことまでやろうとしているから「めんどくさい」が生まれてくるのではないでしょうか。

与えられた役割に目を向けて、その流れに身を任せること。それがシンプルに暮らすということなのです。

第二章

ものに振り回されていませんか

人は人と比較をしながら生きています。しかし「持ちもの」を比較しても、得られるものは何もありません。

「今あなたがほしいと思っているものは何ですか」

もしもそう聞かれたら、きっと次から次へと「ほしいもの」が頭に浮かんでくるでしょう。

「今年流行の洋服がほしい」、「新しい時計がほしい」、「夏用のハンドバッグがほしい」などなど、きっと数えきれないほどのものが浮かんでくるでしょう。

そこで次の質問です。

「あなたが今ほしいと思っているそれらのものは、あなたが今必要としているものですか？　買わなくては困るものですか？」

この問いに多くの人が答えます。

「ほしいとは思いますが、ぜったいに必要なものではありません」、「ほしいとは思いますが、困るわけではありません」という具合に。

ということはつまり、「ほしいもの」というのは、実はたいして必要のないものでもあるのです。

あったら嬉しいけど、なくてもいい。その程度のものではないでしょうか。**暮らしていくために欠かすことのできないものは、悩むことなく買っているはずです。**

そのように考えれば、私たちの身の回りには、すでに必要なものがすべて揃っているのではないでしょうか。消耗品や食品は当たり前として、それ以外の家電製品なども、どの家庭にもある程度はあるでしょう。

人は、自分と他人を比べずには生きられないのです

ものにあふれた現代社会においては、暮らしていくために必要と思われるものはすべて揃っているのです。

にもかかわらず、まだまだほしいと思うのはなぜでしょう。

必要がないとわかっていても、それでもほしいと思うのはなぜでしょうか。


その原因のひとつは、他人との比較です。

隣の人が流行の洋服を着ている。それを見てつい自分の洋服と比べてしまう。明らかに隣の人のほうがきれいでおシャレに思えて、張り合うように、つい自分も新しい洋服を買ってしまう。友人が新しいスマートフォンを持っているのを見て、自分もまたほしくなってしまう……。

「私はそんな単純に比較などしません」と言う人もいるでしょう。

でも本当にそうでしょうか。

私たちは社会のなかで生きています。他人に囲まれながら、他者との関係性のなかに生きているのです。

他人にまったく目を向けないでいることなど不可能なのです。

要するに「他人と比べないようにしましょう」と言われても、100%比べ

ずに生きることはできないというのも事実なのです。

「自分と他人とを比べない」と禅は教えています。私も幾度となくこの言葉を発してきました。

しかしそれは、一〇〇％比べてはいけないということではありません。そんなことは到底できないからです。

私もつい誰かと比較をすることはあります。もちろん相手の持ちものや暮らしぶりを自分と比べることはありませんが、一人の人間として、比較することはあります。

たとえば私のもとで一緒に修行生活をしている若い和尚たち。彼らを見て「まだまだ修行が足りないな」と思ってしまうことも、ときにはあります。

あるいは反対に、尊敬する禅僧に会えば「ああ、まだまだ自分は修行が足りない」と思ってしまうことも多々あります。

これもまた自分と他人を比較しているということなのです。

他人と比較することによって、自分の姿がはっきりと見えるものです。

他人という鏡を通して、自分の長所や短所に気づくのです。

そういう意味で言えば、他人と比べることは、一概に悪いことだとは言えません。

自分の成長のために必要な比較であれば、それは大切なことなのです。

相手の生き方と自分の生き方を比べてみる。相手の信念と自分自身の信念を比べてみる。それは悪いことではないでしょう。

一瞬で消えてしまう満足感など必要ありません

では比べる必要がないものは何でしょう。

それは、相手が持っている「もの」と、自分が持っている「もの」を比べることです。

相手のほうが高価なものを持っている。相手が持っているものを自分は持っていない。それを比べることに何の意味があるのでしょうか。

その比較には何の意味もありません。ましてや、その比較から生まれる嫉妬心や物欲は、けっしてあなた自身の心を豊かにはしてくれないのです。

「今あなたがほしいと思っているものは何ですか」と冒頭で聞きました。そのたくさんのほしいもののなかから、誰かと比べることによって登場してきたものを、紙に書き出して消してみてください。

おそらく八〇%のものは消えたのではないでしょうか。それらはあなたにとってまったく必要のないものなのです。たとえ手に入れたとしても、その満足感は一瞬にして消えてしまうものでしょう。それくらい重みのないものなのです。

そこで残る二〇%のものは何か。

誰かと比べてほしいと思ったものではなく、それこそが自分の心のなかから湧いてきたほしいものと言えます。必要がないことは十分にわかっているのですが、それでもほしいと思ってしまったものです。

もしもそれらを買う余裕があるのであれば、それくらいは買ってもいいと思います。物欲を断ち切ることなどできませんし、また、その必要もないでしょう。みなさんは修行僧ではないのですから、物欲に多少は流されてもいいと思います。禁欲的な生活を強いると、それは逆に心を貧しくすることにもなるのですから。

ただし、その二〇%のほしいものにしても、すぐさま買いに走らないことです。「よし、これだけは買うことにしよう」と思い立ってから、少なくとも一週間ほどは間を空けることです。

一週間経ったら、もう一度自分の心に問いかけてみてください。

「本当に自分はこれがほしいのだろうか」

きっとそのときには、二〇%の物欲が一〇%に減っているでしょう。

「何か満たされない……」と感じるときは、現実が満たされているとき。それが贅沢というものです。

とくに日々の暮らしに不満があるわけではないのに、どこかで満足感や充実感がないと感じてしまうことがあります。

自分には何かが足りないような気がしてしまう。なんとなく心が満たされない日々と思えてしまう。心に隙間風が吹いているような欠乏感。そんな感覚を持つ人がいるのではないでしょうか。

この何かが足りないという気持ちは、なかなか厄介なものです。というのも、それは外からの何かで埋めることが難しいからです。

たとえばこの欠乏感を感じたとき、それをもので埋めようとする人がいます。たいしてほしくもないものを買ってしまったり、クローゼットのなかにはハンドバッグがたくさん詰まっているのに、また新しいハンドバッグを買ってしまったり。

そこには不思議なことに物欲はありません。それがほしいのではなく、何かを買うことで欠乏感を埋めようとしているからでしょう。

もしかしたら、食べ放題などに行くのも同じかもしれません。ときに友だちとケーキバイキングなどに行くのは悪いことではありません。そこには楽しい時間があります。

「ちょっと食べすぎたね。明日からはまたダイエットをしなくちゃ」

などと友人たちと楽しくお喋《しゃべ》りすることで、日頃のストレス発散にもなります。

しかし、心が楽しんでいないのに食べ放題に通う人がいます。

心の欠乏感を埋めるために、食べものでお腹を満たそうとするのです。けれどもいくら食べたところで、心の隙間《すきま》は埋まるものではありません。

面白いことに欠乏感というものは、現実が満たされているときに感じるものなのです。

たとえば生活していくためのお金が足りない。このままでは来月の食費が厳しいというときは、とにかくあれこれと悩んでいる暇などありません。考えている前になんとかしなければならないのですから。

またたとえば、子どもが病気をしたとか、両親が入院したとか、あるいは夫が会社で苦しい状況に追い込まれているとか……。目の前に解決しなければならない問題があるとき、人はそこに心を集中させます。なんとかしようと行動を起こすでしょう。「何かが足りない」などと悠長なことを言っている場合ではないからです。

お金に対して欠乏感を感じるのは、実はお金に困っていないときです。

あるいは、日々の生活で何かが足りないと感じてしまうときは、日々の暮らしが安定しているからなのです。

心の隙間は、贅沢のなかから生まれます

もしも今あなたが何らかの欠乏感を感じているとしたら、それはあなたの生活が順風のなかにいるということなのです。

とくに困っていることもなければ、解決しなくてはいけないものもない、ということです。

「何かが足りない」と感じているのは、言ってみればたんなる贅沢でしょう。そして、その足りない「何か」など幻想に過ぎないのです。考える必要などないのです。

考えても仕方のないことに煩わされることは、せっかくの人生の時間を無駄にしているようなものです。

足りない何かを探そうとするのではなく、今あるものに目を向けることです。

家の掃除や洗濯を放り出したまま、「ああ、私には何かが足りない」とソファーに寝そべっているあなた。

まずは起き上がって部屋の掃除をすることです。掃除機をさっとかけるだけでなく、週に何度かは水を絞った雑巾で拭き掃除をしてみてください。掃除機ではとれないような汚れをきれいに掃除してみてください。

たったそれだけのことで、不思議と心はいきいきとしてくるものです。

どうして掃除をすると心がいきいきしてくるのかと言うと、部屋をきれいにすることで、自らの心を整えることができるからです。

また、きれいな部屋で過ごす家族の姿がそこにあるからです。

毎日の洗濯やアイロンがけがめんどくさいなと思うこともあるでしょう。それでも、きれいに洗濯された洋服を着る家族の姿や、シワのない服に袖を通したときの気持ち良さを想像してみると、温かな幸せを見つけることができるのです。

誰かの笑顔を想像したとき、心が満たされます

日々の買いものも、まるでルーティンワークのようにスーパーを巡っている

ものです。メニューが決まっていれば、毎回同じような食材を籠《かご》に入れてしまいます。

しかしときにはいつもと違うものを買ってみてはいかがでしょう。いつもは買うことのない高級なアイスクリームや、百グラム五百円もする牛肉や旬のお刺身……。

「ものを買うことで心は満たされない」と先ほど私は書きました。それはたしかなことです。

しかし、ここで買った高級なアイスクリームや牛肉は、たんなる「もの」ではありません。なぜなら、それらの向こう側には家族の笑顔を見たいというあなたの思いがあるからです。

いつもとは違うアイスクリームは、子どもたちにとっては感激のおやつでしょう。旬のお刺身はご主人の仕事の疲れを吹き飛ばしてくれるでしょう。

そういう笑顔こそが、あなたの欠乏感を満たしてくれるのです。

今あなたがいる場所。そこにあるたくさんの幸せ。そこに目を向けることこそが大事なのです。

どこかに落ちているはずもない「幸福」を追いかけても仕方がありません。

それよりも、あなたの周りに落ちている「幸せの種」をたくさん拾い集めることです。

コップに入っている半分の水。「もう半分しかない」とため息をつくのか、「まだ半分も残っている」と笑顔になるのかは、心の持ち方次第です。

欠乏感と満足感は、実は表裏一体であると私は思っています。

ものが見えない空間をつくってみましょう。それだけで、物欲は小さくなり、心が自由になるものです。

いわゆる物欲は、一見すると手に入れればおさまるようにも思えますが、実は反対です。

ひとつを手に入れたら、そこでおしまいではなく、もっとほしくなってしまう。たくさんのものを手に入れれば入れるほど、物欲は増幅していくのです。お化けのように恐ろしいものですね。

どうして物欲は増幅していくのでしょう。

それは、目に見えているものが、欲望を誘い出しているからです。

あなたの部屋を見回してみてください。きっとそこにはたくさんのものがあふれているでしょう。

それは整理整頓がされていないということではなく、ともかく大量のものに囲まれて、私たちは暮らしているのです。

その部屋にあふれているものたちを、常に私たちは見ているわけです。意識しなくとも、それらは必ず視界に入り込んできます。

たとえばリビングには趣味の置物などが飾られているでしょう。クローゼットにはお気に入りの洋服が、まるでラッシュアワーの電車みたいに詰め込まれています。

キッチンにしても、収納しきれない食器や家電がむき出しになって、こちらを眺めています。

それらのものたちを目にすることで、新たな欲望が湧いてくるのです。

リビングの置物をそろそろ買い替えたいな。

そろそろ新しいスカートを買わなくては。

そういえば今使っている食器が古くなってきたな……。

要するに、身の回りにあるものたちに、思考がすっかり流されているのです。

ものがあるから、ほしくなるのです。

ですから、ものがなければ欲望は小さくなっていくものです。

デスクの上には何も置かない。それだけで心に余裕ができます

禅僧になるための修行時代、修行僧に与えられるのは、一人畳一畳と函櫃《かんき》と呼ばれる収納スペースだけです。

その函櫃のなかに眠るための布団や食事をとるための応量器《おうりょうき》（禅僧が使う食器）そして作務衣《さむえ》などの衣類を入れます。たったそれだけです。

修行に必要なもの以外は、身の回りにはまったくありません。

要するに「もののない空間」で暮らしているのです。

そんな生活をしていると、物欲というものはほとんど湧いてはきません。

修行に必要のないものは、まったくほしいとは思わなくなっていきます。

ほしいものは何かと聞かれても、その答えに詰まるくらいに、欲望がなくなっていくのです。

もっとも修行についていくのに必死で、そのほかのことを考える余裕などまったくない状態であるのも事実ですが、そういう環境に置かれると、何とも言えないすっきりとした心持ちになるのです。

もちろんみなさんは雲水修行をしているわけではありませんし、生活していくために欠かすことのできないものもたくさんあるでしょう。部屋をすっきりさせたいと思っても、そこにあるすべてのものを取り除くことなどできません。

そこで、私はひとつの提案をしています。

それは、視界にまったくものが入らない空間を部屋のなかにつくるということです。

それほど大きな空間が必要なわけではありません。たとえば小さなデスクを置いて、そのデスク周りだけは何も置かないようにするのです。リビングでも寝室でもかまいません。隅っこでいいでしょう。

本を読むときにはデスクの上には本しかない。書きものをするときには紙とペンしかない。

あるいはぼーっと考えごとをしたいときには、ものをいっさいデスクに置かないようにする。

もちろん目の前の壁にも、何かを飾ったり貼ったりはしません。

このように、まるで空白地帯のような空間をつくってみるのです。

物欲が湧いてきたときや、生活に物足りなさを感じたとき、その空白地帯に逃げ込んでみましょう。

何も目に入らないということは、すなわち心のなかを真っ白にすることと似ています。

食欲にしても同じです。

夜遅くになって、小腹がすいてくる。冷蔵庫を開けて美味しそうなヨーグルトやプリンが並んでいれば、つい手が伸びてしまう。これもまた、ものに流されているのです。

子どもたちが毎朝ヨーグルトを食べるとしましょう。すると多くの人は一週間分のヨーグルトを買います。しかし、その一週間分のヨーグルトは必ず四日ほどでなくなってしまいます。冷蔵庫にあるから、食べてしまうわけです。

毎朝子どもたちが食べるのであれば、その日のヨーグルトは前の日に買えばいいのです。

「毎日買いに行くのは大変！」と思いますか？　でもその買いだめこそが不要な食欲につながっているのではないでしょうか。

もちろん買い置きする食材も必要です。毎日お米を買いに行くことはできません。それはそれでいいとしても、できるだけ買い置きをせずに、冷蔵庫のなかをすっきりとさせておくことです。見たら食べたくなるのが人情ですから。

「空間」が、心を自由にさせてくれます

これを機に、今一度部屋のなかを整えてみてください。たんに整理整頓をするだけでなく、部屋にあるものを少しでも減らしてみることです。

たとえば出窓に五つも六つも置物が置かれているとしたら、一つにしてみる。一週間おきにひとつずつ窓の置物を替えてみてはどうでしょうか。

たったそれだけのことで、ずいぶんと部屋の様子は変わってくるものです。

広い出窓に、小さな一輪挿しだけがそっと置かれ、可憐な花弁に太陽の光が差し込んでいる。

一輪挿し以外は何もない。その「何もない」空間にあなたの心を遊ばせること。そんな時間が心を豊かにしてくれると私は思っています。

ものをたくさん持っていると「気が散る」ものです。ものがないだけで心は軽くなります。

街を歩いていると、いかにも重たそうなバックパック（リュックサック）を背負っている人が目につきます。最近の流行なのでしょうか、男性も女性も、学生もサラリーマンも、まるで登山にでも出かけるような格好で歩いています。いったいあのバックパックには何が入っているのだろうと、とても不思議に思います。

私は出かけるとき、必要最低限のものしか持っていきません。住職として仕事に必要なもの。あるいはその日の仕事で必ず使うもの。それ以外のものはいっさい持ち歩くことはしません。

必要なものはごく限られています。ときには頭陀袋《ずだぶくろ》ひとつで足りることもあります。

出かけるときには必ず折りたたみの傘を持っていくという人がいます。天気予報は晴れでも、もしかしたら急な雨に降られるかもしれない。今日行く場所ではもしかしたら雨が降るかもしれない。とにかくいつ雨に降られてもいいように傘を持ち歩いている、という人たちです。

いかにも準備万端で抜かりのないようにも思えますが、準備万端すぎるのもどこか窮屈な感じがしませんか。

必ず雨が降るという予報が出ているときには、もちろん私も折りたたみの傘を持って出かけます。しかし、少しくらい雲行きが怪しくても、私は傘を持ち歩くことはしません。

そういう習慣ですから、ときには急な雨に見舞われることもあります。

さて、みなさんならばそんなときはどうしますか？

もし差し迫った予定がないのであれば、のんびりと構えることです。

私は雨宿りをして楽しむことにしています。

やまない雨ならば、しばしそれにつき合ってみようと考えるのです。雨宿りができるような場所を見つけて、空を眺めてみるのです。降ってくる雨粒を眺めたり、木々の葉っぱを揺らす光景を眺めたり、自然がくれた恵みをゆったりとした気持ちで眺めるのです。

ときには喫茶店などに入って雨宿りをするのもいいかもしれません。

「雨が降ったおかげで、今日は美味しいコーヒーを飲むことができた」。そう考えると、急な雨もまた愛おしいものになってくるのではないでしょうか。

予定外のこともまた、人生の流れの一部です

日々の暮らしのなかでは、思いがけないことがたくさん起こります。大層な出来事ではなくとも、予定外の小さな出来事はたくさん起こります。すべてが予定通りに運ぶことなどありません。

大きなバックパックを背負っている人たちは、もしかしたらその小さな出来

事にさえも対処しようとしているのかもしれません。

何が起こっても困らないように、とにかく思いつくものを全部持って出かけているのかもしれません。ただ持っているというだけで安心することができる、ということもあるでしょう。

その気持ちはわからないでもありませんが、日々起こる予定外の出来事をそれほど気にしても仕方ないのではないでしょうか。

それよりも、「予定外の出来事を楽しむ」気持ちを持つことのほうが、よほど人生に広がりが生まれることでしょう。

あなたが考えている「予定外のこと」もまた、あなたの人生の大きな流れの一部なのです。

その大きな流れに乗ってしまうこと。雨が降ったら降ったでいいではないですか。電車が多少遅れようとも、イライラせずにのんびりと待っていればいいではないですか。

その心持ちでいれば、心地良い日々を送ることができると私は思っています。

ものがあるから「気が散る」のです

もうひとつ言うならば、不要なものをたくさん持ち歩くことで、心がそれらのものに支配されることになります。

たとえばたくさんのお化粧品を持ち歩く女性もいるでしょう。私は男性ですからわかりませんが、出先でそれほど完璧にお化粧をする必要があるのでしょうか。

食事のあとや汗をかいたときに少しだけメイクを直す。その程度で十分ではないかと思うのですが、いかがでしょうか。

たとえそういうつもりでも、バッグのなかに詰まったたくさんの化粧道具を見た途端に、やはり完璧にしなければとつい思ってしまうのではないでしょうか。

それはたんに、心が不要な化粧道具に流されているだけのことです。

学生時代のことを思い出してください。受験勉強をしようと図書館に行く。

今日は数学を中心に勉強をしようと思っているけれど、もしかしたら時間が余るかもしれないと現代文の教科書もカバンに入れる、としましょう。さらに気分転換のために好きな日本史も持っていこうと再びカバンに詰め込む。なんとも重たいカバンを抱えて図書館に向かうことになります。

ところが実際には、すべての教科の勉強ができるはずもありません。それどころか、数学の勉強をしながらも、ついついカバンのなかにある日本史の教科書が気になったりするものです。

いわゆる勉強のできる友人を見ていたら、彼らのカバンはいつもすっきりとしていました。

図書館に来るのに数学のテキストだけを持ってやってくる。そして図書館にいる時間は、数学の勉強だけに集中しています。ほかの教科に目もくれることなく、ひとつのことに集中している。その結果、成績が良くなっていくのだと思います。

私たちの日々もこれと同じでしょう。

その日にやるべき仕事。その日に必要なもの。その一点に心を集中させ、ほかのことに煩わされないことが大事です。

心を煩わせるような不要なものは持っていかないこと。そうすることで一日がすっきりとするのです。

「気が散る」という言葉がありますが、その原因の多くは、あなたが持ち歩いている不要なものたちがそうさせているのです。

まずはバッグの中身を全部出して、そこからその日に必要なものだけを入れるようにしましょう。それだけでずいぶん、あなたの心は軽くなるはずです。

バッグに入れなかったことで、本当に困るものは、実はありません。ほとんどのものは、なくてもなんとかなるもの。どうということはないのです。

「損得」で考えていると、心の貧しい生活になります。無駄をそぎ落とす生活が、豊かさを生みます。

ものがあふれている時代と言われてから、もうずいぶん経ちました。その反動なのか、最近では不要なものを買わないという若者が増えていると聞きます。

シンプルな生活を心がけるのはすばらしいことですが、このシンプルという言葉を、少し勘違いしている人が多いように思います。

質素な生活をすることが、シンプルに暮らすことだというように。

質素な暮らしこそが心を満たしてくれるのだというように思っている人がいるかもしれません。

禅の世界が求めているのは、質素ではなく簡素な生活です。

質素と簡素は根本的に違うものです。

何がどう違うのでしょう。

私はお茶党ですが、たとえばコーヒーが大好きな人がいたとします。毎朝、必ずコーヒーを飲むことを楽しみにしている人です。

あるとき街を歩いていると、とても安価なコーヒーカップを売っている店を見つけます。一客三百円という安さです。「これはお得だ」と思って、思わず店に入っていきます。

家にはいくつかのカップがあるにもかかわらず、「もしも友だちが来たときのために」と思い、三百円のコーヒーカップを五客も購入してしまう。

この一客三百円のカップで十分だという発想が、質素な考え方なのです。

「友だちのため」「いつかのため」と思って買い求めた五客のカップが日の目を見ることはまずないのではないでしょうか。使われないままキッチンに置かれているだけ。要するにまったく必要のないものなのです。

質素な暮らしというのは、言うなれば価値の低いものを買ったり使ったりすることです。

安いのがいい、お金を使わないのがいいと思っていることです。そんな生活に、心の豊かさは生まれません。

一方で、簡素というのは、生活のなかから「無駄なものをそぎ落としていく」ということなのです。

不要なものをそぎ落とし、しかし自分にとって本当に必要なものは、価値のあるものを買い、大事に使うということです。

コーヒーが好きなのであれば、自分用にはお気に入りのカップを買うことです。ひとつが五千円しようが一万円しようが、毎日使うものは気に入った品を求めて贅沢をするのです。

すべてのものを贅沢にするということではありません。それはたんなる華美な生活です。

身の回りのものがすべて華美であっては、自分のこだわりに光が当たりません。こだわっているものだからこそ、輝いた存在にしたいものです。

そのためにも、自分の心を豊かにしてくれるものにはお金をかけることも大事なことなのです。

自分にとって価値あるものに、お金をかけるのです

華美な生活から生まれるのはさらなる物欲です。もっと高価なものがほしいという欲望は留まるところを知りません。

そして、質素な生活から生まれるのは心の貧しさです。

「安い」という金額の多寡《たか》だけに流されている生活ということになります。「安ければいい」という考え方をしていると、やがては価値の高い低いがわからなくなるという恐ろしい状態に陥ります。

簡素な暮らしを心がけることです。

無駄なものにはいっさい目を向けず、しかし必要で心を豊かにしてくれるものは惜しまずに手に入れる。

暮らしには潤いが必要です。簡素のなかにこそ、一点の潤いがあるのです。

食事もまた同じです。質素な食事だけをしてはいけないのです。これはおかずの数が少ないとか、ご飯の量が少ないとか、そういうことではありません。質素な食事とは、心の満足感がない食事のことです。

相変わらず「食べ放題」なる店がたくさん並んでいます。ときにはそれを楽しむことも悪いことではありません。

問題なのは、値段が安いからと行き、食べ放題だからといってどんどんお腹に詰め込み、またたくさん食べないと損だと思って、無理をしてまでさらに料理を取りに行こうとしてしまうことです。

お腹がいっぱいであるのにもかかわらず、さらに食べ続けるというのは動物のなかでも人間だけなのです。犬や猫などの動物は、けっして必要以上の食べものを取ろうとはしません。

ただ安いという理由で食べ続ける。元を取ろうという損得勘定で料理をお腹に押し込んでいる。これはとても質素で貧しい食事だと私は思っています。

ものを満たすのではなく、心を満たす

禅僧の食事は、基本的には一汁一菜です。お味噌汁と野菜の煮物、そして応量器に一杯の御飯。一度のお代わりは許されていますが、それだけをみれば、とても質素な食事だと思われるでしょう。

しかし、その食事には心の満足感が詰まっているのです。

お寺によっては、寺の敷地内で野菜などを育てています。食事をつくるときには畑に出て、その日に食べる分だけの野菜を取ってきます。自分たちが育てた野菜は捨てるところもなく、すべてを丁寧に調理します。そして「いただきます」と合掌する。

すべてのものには命が宿っています。野菜にも命があります。その命を「いただく」ことで私たちは生かされています。

ですから調理する者も、その食事をいただく者も、そういう感謝の気持ちでいただく食事だからこそ、心の満足感が生まれるのです。

自分の身体を維持していくうえで必要なものだけを食する。不要なものはとらない。それこそが簡素で美しい食事です。

そしてそういう簡素な食生活を続けることで、身体も美しく整ってくるのではないでしょうか。

ただ安いとかお得だとか、そのようなことばかりを考えないようにしましょう。不要なものをそぎ落としつつ、本当に必要なものを見極めていく生活。それこそがシンプルな生き方なのです。

ものの扱い方は、人の扱い方でもあります。そこに心があるかどうか、です。

ものには、とりわけその人にとって愛着のあるものがあります。そしてものにも、心があるのです。

現代は使い捨ての時代と言われています。新しいものが次々と出てきますから、それを見るたびに買い替えたりする人も多いのではないかと思います。たしかに古いものを使い続けるより買い替えたほうがいいものもあるでしょう。しかしただ安易にそう考える前に、少し立ち止まってみることもときには必要です。

私どものお寺のお檀家《だんか》さんに、五十代の女性がいます。お墓参りによくお見えになるその女性は、いつも可愛らしい布製のバッグを手にしてやってきます。

可愛らしいバッグですが、どう見ても女性の年齢にはそぐわないものです。可愛いクマの絵があしらわれていて、小学生が使うようなバッグです。

あるとき私は聞いてみました。

「いつも可愛らしいバッグをお持ちですね」

女性は少し照れくささそうに答えました。

「実は、娘が小学生のときに使っていたものなんです。なんとなく捨てられずに、破れたところを繕いながら使っているんです」

娘さんが使っていたバッグには、たくさんの思い出と心が詰まっているからこそ、女性はこのバッグを大事にしていたのです。

私はその女性の心が、とても美しいと思いました。そして、娘さんに対する深い愛情を感じたものです。

「この間、娘が帰ってきたとき、私がまだこのバッグを使っていることが見つかってしまったんです。娘には恥ずかしいからやめてと言われました。新しいのを買ってあげると言うのですが、やっぱり私にとってはこれがいちばんなんです」

女性はそう言いました。

自分が小学生のときに使っていたバッグを未だに母親が大切に使ってくれている。その母の愛情の深さに、きっと娘さんは温かな気持ちになったのではないでしょうか。

ブランドもののバッグよりも、私には娘さんのバッグのほうがいっそう輝いて見えます。

ものの扱い方には、その人の心が表れます

私のところには、書籍の打ち合わせのためにたくさんの編集者がやってきます。そのなかに、いつも使い古したバッグを手にやってくる女性がいます。着ている洋服はいつも清潔感があり、ちょっとしたアクセサリーもとてもオシャレです。

そのいでたちにもかかわらず、バッグだけはかなりの年季が入っているもの

を使っているのです。きっと十年以上は使っているのだと思います。

古びているからといって、バッグを手荒く扱っているわけではありません。とても丁寧に扱っている姿を見ます。

きっと彼女にとっては、とても大切なバッグなのでしょう。もしかしたらご両親から就職祝いに買ってもらったものかもしれません。あるいははじめてつくった書籍が書店に並んだときに、自分へのご褒美として買ったものかもしれません。

ともあれその古びたバッグには、彼女の思い出や心がたくさん詰まっているのだろうと思いながら眺めていました。

はじめて彼女が打ち合わせにやってきたとき、そのバッグを目にして、私はふっと「この人との仕事ならうまくいくだろう」と感じました。

ものを大切にする人は、向き合う人のことも大切にすると私は思うからです。その人の持ちものを見れば、その人の心のなかが見えてきます。

いつも流行のものを持っている人は、きっと世間の風に流されやすい人だと思います。次々と新しいものばかりを追いかける人は、人間関係もまた同じように目まぐるしく変わっていくタイプの人ではないでしょうか。

反対にひとつのものに執着する人は、ほかのことについても執着心が強いのではないかと思えます。

もちろんこれらには何の根拠もありませんが、その人の持ちものにはその人の心が表れているものだと信じているのです。

ものを通して、たくさんの愛情に気づくことができます

ものというのは、自分の人生の流れのなかにこそあるものです。

どんなものも、縁があって自分のところに来てくれるということです。

その縁を大切にすることが、ものを大切にすること、人を大切にすることにつながっていくのです。

あなたの部屋にあるたくさんのものを、仕分けしてみてはいかがですか。

仕分けと言っても「捨てるものと、残しておくもの」、「まだ使えるものと、もう使えないもの」という仕分けではありません。

「心が詰まっているものと、どこにも心が見出せないもの」に仕分けをするのです。

きっとものを通して、懐かしい人たちが顔を見せるでしょう。学生のときに大切にしていたもの。大切な誰かにもらった思い出の品。家族旅行の思い出が詰まったものたち……。そんな思い出ともう一度向き合ってみることです。

それを思い出すことで、あなたがこれまで歩んできた道のりが浮かんでくるでしょう。

元気だったときの自分。落ち込んでいたときの自分。そんなかつての自分と向き合うことで、今の人生がとても愛おしく思えてくるものです。

感傷に浸るという言葉があります。ともすれば悪い意味で使われますが、けっして悪いことではないと思います。

過去の自分に執着することはよくありませんが、過去の自分を思い出し、今の自分と比べてみること。昔思い描いていた自分がいるだろうか。昔の夢を置き忘れていないだろうか。心が詰まったものと再会することで、自分自身が歩んできた道を振り返ることもできるのです。

何か忘れものをしたと思ったとき、何かを取り戻したいと思ったとき、箪笥《たんす》の奥にしまい込んでいた、思い出の品を引っ張り出してみてください。

もしかしたら、その心が詰まったものたちが、何かを伝えてくれるかもしれません。

「もっと、もっと」と思う気持ちを持ち続けている限り苦しみはなくなりません。

「ああ、もっとお金がたくさんあればいいのに」、「お金がない、お金がない」……。深刻ではないにしろ、誰もがつい思ってしまうことかもしれません。

もうこれ以上お金はいらないと思っている人のほうが、圧倒的に少ないのではないでしょうか。

お金というのは大切なものです。社会で生きている限り、それはなくてはならないものです。私たち禅僧も、霞《かすみ》を食べて生きているわけではありません。お寺の建物や境内の諸施設の修繕にもお金がかかりますし、自分の家族を養うにもお金が必要です。それは世間の人たちと同じことです。

ただ私が常に心しているのは、必要以上のお金を求めないということです。

お寺の伽藍《がらん》を維持していくために必要なお金。自分たちの生活を維持していくためのお金。あるいは弟子たちの暮らしを支えていくためのお金。将来の大規模修繕に必要となるであろうお金。そのような必要最低限のお金はなくてはなりませんが、それ以上のものを求めることはしません。

必要以上のものを求める心。その心こそが自らを苦しめていることになるのだと思います。

満足感には、際限がありません

もっとお金がほしいと言う人たちに私は聞きます。

「では、いったいいくらほしいのですか」と。

さまざまな答えがそこにはあります。

「毎月の給料があと十万円増えればいい」、「お金はあればあるほどいい。一億円でも二億円でも！」

そこでもうひとつの問いかけをします。

「では、どうして毎月あと十万円がほしいのですか」、「一億円ものお金があって、それをどのように使うのですか」と。

すると「あと十万円あれば、ほしいものが買えるから」、「一億円あれば、それを貯金して利子で暮らしていけるから」と言います。

たしかにその通りかもしれません。しかし考えてみれば、どちらのお金もぜったいに必要なものではないでしょう。

要するにプラスアルファのものです。そしてプラスアルファを求めはじめると、それは際限がなくなってしまいます。

「なくてもいいもの」を求めるところに不満足感が生まれてくるのです。

たとえば「毎月あと十万円ほしい」と答えた人が、その十万円を手に入れたところで、半年も経てば再び思うことになります。「ああ、あと十万円給料が増えればいいな」と。

いつまで経っても「あといくらほしい」と言い続けてしまうものなのです。

お金がどれくらいあれば、幸せになれると思いますか？

いつも「もっとたくさんのお金がほしい」と口にしている人たちは、きっとお金があれば幸せになれるのだと信じているのでしょう。

お金がたくさんあることが幸せだと信じて疑わない人だと思います。

他人と比べながら生きていると、どうしてもそんな考え方になりがちです。

まずはこの考え方をやめることです。お金でものを買うことはできても、幸せを買うことはできません。**まして必要以上のお金を持ったところで、それに見合う幸福など手に入れることはできないのです。**

アメリカで行われた心理学の調査があります。

たとえば年収が三百万円の人たちが四百万円になるとします。そこにはたしかに幸福感が宿っています。これは現実的によくわかります。三百万円から四百万円になれば、子どもたちに大好きなおやつを買ってあげる余裕ができます。

夕食の食卓には、もう一品おかずを増やすことができます。それは家族の心を豊かにしてくれることでしょう。

ところがこの幸福感も頭打ちになるのです。年収が上がっていく幸福感は、一千万円手前くらいで止まってしまうというのです。

つまり年収が一千万円の人が千二百万円に上がったとしても、そこに幸せを感じる人はとても少ないということです。

反対に二千万円を超えてくると、幸福感が下がるというのです。

このデータは何を示しているのでしょうか。

今の暮らしを少しだけ豊かにしてくれるお金は幸福感を生むのですが、必要以上のお金は幸福感を生むことはないということです。

お金と幸せはまったく関係がないとは言いませんが、実は人が思っているほど深くはないと知ることは、大変大事なことではないでしょうか。

「知足」という言葉が禅にあります。今あなたが持っているもの。今のあなたが手にしているもの。それで十分に満足だと思える気持ち。「もっともっと」

と足りないものばかりを求めるのではなく、今あるもので満足する心。その心こそが穏やかな幸せに通じると禅は教えているのです。

ヨーロッパに伝わるある逸話を紹介します。

ある村に二人の牛飼いがいました。一人は九十九頭もの牛を飼っていて、とても裕福な暮らしをしていました。

しかし彼は、その暮らしに満足していません。あと一頭増やせば丁度百頭になる。自分の牛を百頭にすれば、きっと幸せになるに違いないと考えたのです。

もう一人の家には、たった三頭の牛しかいません。しかしその牛飼いは、今の暮らしにとても満足していました。夫婦二人暮らしですから、三頭もいれば十分に暮らしていくことができます。つつましいながらも幸せに暮らしていたのです。

あるとき九十九頭の牛を飼う牛飼いが、その夫婦のところにやってきました。「うちには九十九頭の牛がいるのだが、生活が苦しいんだ。どうしてもあと一頭増やして百頭にしなければならない。お前のところの牛を一頭分けてくれまいか」と頼んだのです。

頼まれた牛飼いは、快く一頭を分けてあげました。

「まあ、二頭を大切に育てれば、なんとか夫婦二人で暮らすことはできるだろう」と考えたのです。

百頭に増やした牛飼いは、しばらくは満足感に浸っていましたが、一年もしないうちに、また思うようになりました。

「やはり百頭では足りない。あと五頭増やさなければ幸せにはなれない」と。

この二人の牛飼いを見て、あなたはどちらが幸福だと考えるでしょうか。そしてあなたは、どちらの人生を選びますか。

その答えは幸福感と同じく、あなたの心のなかにあるのです。

第三章　悩みを解決しようとしていませんか

大きな悩みよりも、小さな悩みのほうが厄介です。しかし執着しなければ、いずれ消え去るものです。

「今あなたは何か悩みを抱えていますか」と聞くと、おそらくその答えは二通りに分かれるのではないでしょうか。

ひとつは「もう悩むことばかり。数えきれないくらい悩みはあります」という答え。そしてもうひとつは「とくに悩みはありません。まあ探せば一つや二つはあるでしょうけど」という答え。

この差はどこにあるのでしょうか。

日々を生きていれば、悩みの大小はともかく、いくつか悩みがあるものです。実際のところ、まったく悩みがないという人はいないでしょう。

そうであればどうして「とくに悩みがありません」と答える人がいるのでし

ようか。

たとえば同じような境遇や環境にいても、悩みをたくさん抱える人と、そうでない人がいます。同じことが起きても、それを悩みと捉える人もいれば、たいしたことはないと受け流してしまう人もいると思います。


そういう意味で「悩み」とは、私たちの心が勝手に生み出しているとも言えるでしょう。


人間とは不思議なもので、目の前にあまりに大きな悩みが現れたとき、それを悩みとは思いません。とにかくなんとかしなければならない。つまりは悩んでいる暇などないからです。その悩みを解決すべく必死になって努力をするしかないのです。

きっとみなさんが抱えている悩みのほとんどは、とても小さなことなのだと思います。

たとえば小学生になった子どもが、鉄棒の逆上がりができない。クラスのほとんどの子はできているのにもかかわらず、うちの子はまだできない。そんなことにまで悩んでしまう人もいます。

今はできなくても、成長して力がついてくれば自然にできるようになると考えたら、悩む必要はないでしょう。また、できないままだったとしても、そんなことは人生にとってたいしたことではないのではないかと思います。大人になっても逆上がりができない人などたくさんいるのではないでしょうか。

そのような、言葉をかえれば「どうでもいい」ことを悩む人がいます。

悩みは留めず、受け流していけばいいのです

どうでもいいような小さな悩みごとが、私たちの生活にはあふれています。悩まなくてもいいようなことをいちいち気にしてしまう。一つひとつは小さな悩みですが、実はこの小さな悩みこそが厄介なのです。

小さな悩みがたくさん集まると、心はどんどん追い詰められていきます。

小さな悩みは、また新たな悩みを連れてくるからです。

大きな悩みは、それは苦しいことでしょうが、努力をして解決すればそれですっきりするものです。

しかしたくさん集まった小さな悩みは、一つを解決しても、あとからあとから生まれてきてしまうものだからです。

心を壊してしまう人というのは、大きな悩みを一つ抱えているというより、むしろ小さな悩みを大量に抱えている人だと私は思っています。

では、どうやって次から次へとやってくる小さな悩みをやり過ごせばいいのでしょうか。

それは、一日のなかに静かな一人だけの時間を持つことです。

子育てや家事に追われて、とても静かな時間など持てないと言う人もいると思います。何も一時間も二時間も持つ必要はありません。十分とか二十分で十分なのです。

家のソファーに座っていてもいいでしょうし、公園のベンチに一人座るのでもいいと思います。

また喫茶店などに入って一人でコーヒーを飲むのでもかまわないでしょう。とにかく一人きりになってぼーっと時間を過ごすことです。

一人になって呼吸を整える。すると頭にはいろんなことが浮かんでくるでしょう。今抱えている悩みを思い返すこともあると思います。嫌なことも浮かんできて当たり前です。それでもいいのではないでしょうか。

大切なことは、さまざまに浮かんでくる悩みごとを、留めないということです。

一つの悩みごとばかりに心を留め、そのことばかり考えてしまうことがいけないのです。

次々に浮かんでくる小さな悩みを、次々に受け流していきましょう。

もしも受け流すことができないというのであれば、こんなふうに心のなかでつぶやいてみてはいかがでしょう。

「まあいいか」

「なんとかなるでしょう」
「とりあえず、またあとで考えることにしよう」と。

ほとんどの悩みは、時間が経てば消えていきます

実は小さな悩みのほとんどは、無理に解決しようとしなくても、放っておいても自然に消えていくものなのです。

先に書いた、子どもの逆上がりと同じです。子どもが鉄棒の逆上がりができない。この悩みを二十年も抱え続ける人はいないでしょう。子どもが高校生にもなれば、そんなことはどうでもよくなっているものです。

悩みを心に留めると、その悩みに執着してしまいます。

執着すれば、小さな悩みはどんどん心のなかで大きくなっていきます。そうではなく、自然に流されていく悩みたちを、静かに見送っていればいいのです。

忙しく走り続けている毎日。あまりに走り続けていると、いつしか自分の心というものが見えにくくなっていきます。そうであるからこそ、立ち止まって

自分を見つめ直す時間が必要なのです。

「自分は今このままでいいのだろうか」、「この悩みとどう向き合えばいいのだろう」……。そんなことをぼーっとしながら考えることです。

あくまでもぼーっと考えてみること。

そんな習慣を日々の暮らしに取り入れると、不思議とイライラしなくなっていきます。悩みは霧散していくのです。

十分の空白の時間など、いくらでも生み出せるのではないでしょうか。十分だけスマートフォンから手を放せばいいだけのことです。

趣味でも仕事でも、「やらなかったこと」への言い訳ほど、つまらないものはありません。

「あなたの趣味は何ですか？」

お決まりのようにこのような質問をされることがあるでしょう。とくに初対面だったりすれば、こんな話題からはじまることが多いと思います。

何か熱中している趣味があったり、他人に自慢したくなるような趣味を持っている人たちは、この質問に嬉々として答えます。

ところが、他人に話せるような趣味を持っていない人は言葉に詰まります。

「私にはとくに趣味はありません」

そう答えることに恥ずかしさすら覚えたりします。

それはまったくおかしな勘違いだと私は思います。

日々仕事や育児、家事をこなして忙しい人もいるでしょう。時間に追われている毎日にのんびりと趣味に興じている暇などない人もいます。

たとえずっと続けてきた趣味があっても、なかなかそれを楽しむ時間がない人もいますから、ましてや新しい趣味をはじめようという気持ちにならない人も少なくないでしょう。

それにもかかわらず「趣味の一つや二つは持っていないと恥ずかしい」と思ってしまうと、なんとなく窮屈な気分になってきます。

夢中になって楽しむ。その気持ちが大切です

趣味とはいったい何なのでしょう。

ひと言で言えば、夢中になれるものということになるでしょう。時間を忘れてひとつのことに没頭できる。夢中になって楽しむことができる。それが趣味ではないでしょうか。

そういうふうに考えれば、今あなたが日々追われている子育てや家事も、夢

中になって楽しめば趣味になります。

「私には趣味がありません。私の趣味は仕事です」と堂々と答える人がいますが、とてもすばらしいことだと私は思います。

仕事が趣味だなどと言うと、なんとなくつまらない人間かのように思ってしまうかもしれませんが、それは趣味を持たない人間は幅が広がらないなどと言う人もいるからでしょう。

仕事は生きるためにやることで、趣味こそが人生に彩《いろど》りを生み出してくれるのだという考えによるものです。

それこそ勘違いだと思います。

日々の仕事に没頭している人は、きっと自分の仕事を心から楽しんでいるのでしょう。もちろん仕事ですから苦しいこともあって当然です。うまくいかないこともあるでしょう。それでも彼らは、そんな苦しささえも楽しんでいるのです。

どうして苦しい仕事を楽しむことができるのでしょう。

それは、今自分がやるべきことをしっかりと見据えているからだと思います。

今やるべきことは仕事だ。それ以外のことに目を奪われている時間などない。趣味を楽しむのはもっと先の話でいいと、自分のなかで位置付けているのです。あれこれ考えることなく、今の自分がやるべきことにだけ集中しているということです。

今あなたがいちばんにやるべきことは何ですか。

いちばん大切にしなくてはいけないことは何でしょうか。

そのいちばんが子育てだとしたら、今は子育てに集中することでないかと思います。そして子育てを心から楽しむことです。

それは家事にも言えることです。

一年三百六十五日、それから解放されることはありません。やらなくてはいけないものであるなら、いっそ楽しんでやることです。小さな楽しみを見つけていくことがコツです。

掃除は嫌いだけれども料理は好きと言うなら、掃除は少し手を抜いても、料理に手をかければいいのです。

好きなことは楽しみ、苦手なことや嫌いなことは少しだけ手を抜くことです。

手を抜くことは悪いことではありません。すべてを完璧にしなければと思うと、どうしてもストレスになってしまいます。

家族に迷惑がかからない程度に、少しだけ手を抜く。これも家事を楽しむコツと言えるかもしれません。

「私の趣味は、いかに効率よく家事の手を抜くかです」

そう言える人がいても楽しいではないですか。

本気でやりたいと思うことは、誰にも止められないものです

さて、そのように忙しい日々を送っていても、どうしてもやりたい趣味がある人は、なんとかしてその時間をつくり出すものです。

効率的に家事をこなして趣味の時間をつくろうと努力するでしょう。あるい

は睡眠時間を削ってでも趣味の時間をつくるでしょう。そうやって時間をつくるための努力をしているものです。

もちろん睡眠不足になったりと身体には多少の負担はかかるでしょうが、きっと心は軽やかになっていると思います。

本当にやりたいと思ったことは、我慢をせずにやることです。

自分がやれなかったことに対して、あとになってから文句を言う人がいます。「子育てと家事に追われて、趣味の時間をつくることができなかった」、「本当はやりたいと思っていたけれど、主人がいい顔をしなかった」、「やりたいことができなかったのは誰々のせいだ」という具合です。

そのように何かのせいにしてしまうこともあるかもしれません。

しかし私は思います。

自分がやれなかったことを何かのせいにするというのは、実は本心からやりたいと思っていなかったからではないでしょうか。

「やれなかった」のではなく、自分自身が「やらなかった」だけなのです。

本気でやりたいと思ったこと。それは誰も止めることはできません。時間がないというのは言い訳に過ぎないのではないかと思います。

今あなたがやるべきいちばんのことに没頭してみてください。

「つまらないもの」など人生にはありません。あなたを取り巻くすべてを趣味にしてしまえばいいのではないでしょうか。

人間関係は、自分の意思や努力でうまくいくものではありません。縁に任せるのがいちばんです。

たくさんの悩みのなかでもっとも多く、そして日常的にあるものが、人づき合いの悩みではないでしょうか。

ご近所さんとのつき合いや友だちとのつき合い、あるいは職場での人間関係など、私たちは人づき合いから逃れることはできません。社会という場で生きているのですから、それは常につきまとっているものです。

人づき合いで苦労をしている人を見ていて思うことは、そこに心の頑《かたく》なさがあるということです。柔軟に考えることができず、どんな人とでも、うまくやっていかなくてはいけない、人づき合いとはこうでなければならないと、決め込んでしまっている人たちです。

すべての人とうまくやっていくことは、もとより不可能なことです。**誰からも好かれたいと思っている人は、好かれなくてはいけないと思い込んでいるのかもしれません。**

つまり、誰に対しても「いい子」でいようと努めてしまうのです。**誰に対してもいい顔をするということは、裏返せば自分自身を常に殺していることになります。**

本当は嫌だと思っていても、相手に合わせてその気持ちを隠してしまう。いつも相手のことを気にして行動してしまうという人たちです。

しかし、そんなことばかりしていると疲れませんか。

それでうまくいっているならまだしも、うまくいかなくなると、一気にそれまでの不満が爆発してしまうことになります。

「あの人はいい人ね」とみんなが思っているような人が、ふとしたことをきっかけに「キレ」たりすることがありますが、そういう人はきっと、相手に合わせ続けて限界に達したのです。

相手から好かれるか嫌われるか、というような二者択一で人間関係を捉えていると、どこかに無理が生じるのです。

わざわざ嫌われる必要はありませんが、あえて好かれようと努力する必要もないのではないでしょうか。

「とくに好きでもないけれど、べつに嫌いというわけでもない」

それくらいの立ち位置でいいのではないでしょうか。

うわべだけのつき合いでいいのです

「好きでも嫌いでもない人間関係は、うわべだけの中途半端なもの」と考える人もいるようですが、「うわべだけのつき合い」は悪いことなのでしょうか。

みんな心のなかにはさまざまな思いを抱えています。その思いをストレートにぶつけ合えば、関係はたちまち壊れてしまいます。

それがわかっているからこそ、その思いを隠したり、オブラートに包んで、お互いに不快な思いをしないよう気遣っているわけです。

それは心遣いであり、それがあればこそ人間関係は成り立っているのだと思います。それは大人としての当然のマナーです。

互いに心のなかをぶつけ合って許されるのは、子どもだけです。そういう意味では、この世の人間関係はすべて「うわべだけのつき合い」で成り立っている、と言えるかもしれません。

本音でぶつかり合う必要などないのです。本音をさらけ出し合うことだけが、友だちの証《あかし》ではないのです。

うわべだけでつき合うことは、寂しいことでも何でもありません。それは人間関係を潤滑にするための知恵なのですから。

さらにつけ加えるならば、「この人とは一生つき合っていきたい」などと決めつけないことです。

その決めつけが、お互いの負担になることもあります。一週間に一度は連絡を取り合おうとか、一年に一度は必ず旅行に行くようにしましょうとか、決めごとが多いほど、関係は窮屈なものになっていきます。

「LINE《ライン》」というものが流行り、常に連絡を取り合えるようになりました。さっきメッセージを送ったのにもかかわらず、まだ返事がない。「既読」にもなっていない。ただそれだけでイライラしてしまっている……。これでは自分で自分のことを縛っているようなものです。

返事が一週間後に来てもいいではないですか。すぐにメッセージを読んでいなくてもいいではないですか。そんなことで壊れる関係なら、無理をしてつき合うこともないのではないかと思います。

縛り合う関係は、やがては消えていくことに決まっています。

縁に執着せず、流れに任せていれば、ストレスはなくなります

縁というものがあります。とても不思議なものです。誰かと出会うことも縁、それが続くことも縁ですし、別れてしまうのも縁です。

この縁に任せて、流されてみてはいかがでしょう。

学生時代の友人と何年ぶりかに会うことがあります。当時はあまり話したことがない友だちでも、久しぶりに会うと意気投合したりすることもあるでしょう。反対にとても仲良しだったのに、どうしてかしっくりこなくなることもあります。こういうことも、すべて縁なのです。

関係をどうにかしようなどと思わずに、そうした縁の流れに乗ってしまえばいいのです。

あの人のことは嫌いだから、もう二度と会わないなどと言って、決めつけることはありません。どちらかに嫌いだと思う心があれば、自然とその人との縁は遠のいていくものです。切れていく縁に流されていればいいのです。

縁を大切にして、受け入れようとする気持ちは大切ですが、その縁に執着することもないのです。

せっかく出会ったのですから、なんとかしてつき合わなくてはいけない。そう思って無理をすることで、せっかくの縁がストレスになることもあるものです。

人づき合いに悩んでいる人というのは、どこかで無理やり縁を結ぼうとしているのではないでしょうか。あるいは目の前の縁に執着しているのではないでしょうか。

それは自分の心に無理をさせているのです。

人間関係というものは、自分の意思や努力だけでどうこうできることではありません。

相手の心を変えることはできませんし、また相手によって自分の心が左右されるのも良くないでしょう。

そうであるならばいっそ、縁の流れに身を委ねてしまうことです。そういう心持ちでいれば、悩みの半分は消えてなくなりますよ。

「幸せ」というものもなければ、「不幸せ」というものもありません。自分の信じた道を生きればいいのです。

結婚というのは男性・女性に関係なく人生における大イベントです。とはいえやはり、人生が大きく影響されるのは女性のほうかもしれません。だからこそ、そこには深い悩みが生じるものです。

この人と結婚をしていいのか。もしくは結婚はしなければいけないのか。目の前にある大きな選択肢を前にして、迷いと不安の間を彷徨《さまよ》っている人も多いでしょう。

近年のあるデータを見ますと、男性は四人に一人、女性は五人に一人が生涯独身で過ごしています。

女性の社会進出が当たり前になり、経済的に自立できるようになりました。

そうなれば、男性に頼らなくても十分に生きていくことができます。自分の力でキャリアを積み、社会でいきいきと暮らしていくことができます。

先進諸国で結婚年齢が高くなったり、あるいは結婚を選択しない女性が増えていることは、大きな社会の流れとも言えるでしょう。

ところが、自分の意思で結婚しないことを選んでも、つい結婚している友人たちを見ると、羨ましく思えたり、自分の人生がどこか寂しいものに思えたりすることもあるでしょう。

しかし結婚しているほうの立場から見ると、独身生活を謳歌《おうか》している友人が輝いて見えるものです。

要するに人間とはないものねだりをする生きものなのでしょう。

二者択一の考え方は、幸せを遠ざけます

そもそも結婚と幸せは直接的に結びつくものではありません。

愛した人と結婚しても幸福感を感じない人もいるでしょうし、結婚していな

くても幸せな日々を送っている人もたくさんいるでしょう。

つまり、結婚があなたに幸せを運んでくるわけではありません。

結婚しているほうが幸せで、結婚していないのは不幸せだというような、二者択一の考え方から抜け出すことです。


禅ではこの二元的な考え方を嫌います。


自分自身がどうしたいかを、自分自身に問いかけることです。

「私は結婚がしたいのだろうか」、「本当にこの人と結婚していいのだろうか」と、誰かと比べたりせずに、自分のなかにある答えを見つけていくことが大事なのです。


そして一度出した答えに自信と責任を持つことが何よりも大事なのです。


「やっぱり、結婚はしたほうがいいのでしょうか」

そんな相談をされたことがありますが、まるで禅問答のような問いかけです。

そこに明確な答えなど私にも見つけられません。

「あなたが結婚したいと本心から望んだとき、この人とともに生きてゆきたいという相手に出会えたとき、そのときに考えればいいことだと思いますよ」

私が伝えられることはこれだけです。

自分を取り巻く縁やタイミングという大きな流れに乗ることです。

あなたの幸せとは、あなたの人生の大きな流れのなかにしかないのですから。

自分の流れを見失わず、確かめながら生きることです

出産もまた同じではないでしょうか。

子どもがいれば幸福に包まれることもあるでしょう。しかし、子どもがいないからと言って、幸せではないということはありませんし、子どもがいない自分を責める必要もありません。

あなたを包んでくれる幸せのベールは、何も子どもだけではありません。みんなそれぞれに幸せのベールを持って生まれてきているのです。

それを見つけることこそが、あなたにとっての幸福への道だと思います。

幾度か仕事をご一緒した女性編集者がいます。四十代半ばの彼女は、結婚はしていますが子どもはいません。これまでキャリアを積んできた優秀な人です。彼女が言いました。

「仕事が好きで今まで頑張ってきましたが、親に子どもはどうするのか、などと言われると、いくら仕事で頑張ってもダメなんだなと、気落ちするのです」と。

女性は結婚して子どもを産むのが当たり前。彼女のご両親の世代は、そういう価値観で育っています。女性は結婚して子どもを産むことが幸せなのだという考え方です。そういう社会の流れで生きてきた人にとっては、そう思えるのでしょう。

しかし、社会は変化しています。かつての幸福観や生き方を当てはめることはできないのではないでしょうか。もちろん親の思いを蔑《ないがし》ろにするわけにはいきませんが、あまりにもそれを気にしすぎると、それこそ自分の人生が見えなくなってしまいます。

「ご両親が願っているのは、たんにあなたが出産することではないと思います。

ご両親の願いは、ただあなたの幸せだけなのですよ」

私は彼女にそう言いました。

「赤ん坊はコウノトリが運んでくる」

昔の人たちはそう言いました。医学的に妊娠のメカニズムがわかっていなかった時代のことです。ばかばかしいと思うかもしれませんが、この言葉は昔の人たちの知恵だったのかもしれません。


人間も自然のなかで生きています。**自然には大きな流れがあるように、人間もまた大きな流れのなかで生かされているのです。**

その流れのなかにこそ幸せが宿っているのだと思います。無理をして流れに逆らうことなく、自然に生きること。きっと、そんな知恵が生み出した言葉なのだと私は思っています。

結婚も出産も、あるいは仕事というものも、あなたの人生の流れのなかにあるものです。

そして人は、それぞれに人生の流れを持っています。

自分の人生の流れを見失うことで悩みは生じてきます。

流れに逆らって泳ぎ続ければ、やがては溺れてしまうかもしれません。そうならないために、常に自分が歩いている道を確かめること。周りの人たちの歩みなど気にせずに、自分が信じた道を歩み続けることです。

あなたが歩む道を信じてくれるのは、あなたしかいないのです。

次に続く人生を考えるとき、小さい頃の過ごし方に、次の道へのヒントがあります。

これまで一生懸命に取り組んできた仕事が一段落したり、あるいは目標にしていた行事が無事に終わったりしたとき、ほっとした気分になると同時に、ぽっかりと穴が開いたような気分になるものです。

日常を過ごしている間に、その穴はいつの間にか埋まっていくものです。そう考えると、日々やるべきことがあるというのはとても幸せなことです。

もしも明日からずっと自由にしていいと言われたら、あなたはどうしますか。会社に行かなくていい。家事もしなくていい。子どもやご主人の世話もしなくていい。買い物にも行かなくていいし、掃除や洗濯もしなくていいという状態です。

夢のような時間だと思うでしょう。しかし、一週間ほど気ままな生活を楽しめば、おそらく飽きてしまうでしょう。

「何をしてもいい」ということは苦痛なことです。毎日毎日「今日は何をして過ごそうか」と考えることは、とてもつらいことなのです。

定年退職した人たちのいちばんの苦しみは「毎日が日曜日」だということです。

日曜日が楽しいのは、それが一週間に一度しかないからです。平日に一生懸命働いてこそ、週に一度の日曜日が待ち遠しく思えます。

定年による喪失感は、大きなものでしょう。三十年も四十年も通って一日のほとんどを過ごしていた会社ですから、それこそ心にぽっかりと大きな穴が開いたような状態になるでしょう。

「定年」というのは、主婦の人たちにもあります。

たとえば子育てでは、子どもが自立したときです。高校生くらいまでは、毎朝のお弁当づくりもあれば、ＰＴＡなどの活動もあると思います。一年に何度かある学校の行事にも行かなくてはいけないでしょう。

子どもが二人いれば、それは二倍になりますし、三人いれば三倍になります。しかし、子どもが大学生になり社会人になれば、もう親の手が煩《わずら》わされることもありません。

子どもが自立するのはとても喜ばしいことです。心からほっとした気持ちになるでしょう。しかし、もう自分がしてあげることはないと思ったときに、心にぽっかりと穴が開いたようになるのではないでしょうか。

「失った時間」ではなく「これからの時間」に目を向けてみる

ある日突然、心に大きな穴が開いたとしたら、途端に元気を失ってしまうでしょう。何もする気になれない日が続けば、心を病んでしまいかねません。

そうならないためにも、準備をしておくことが大切です。

会社の定年や子育てからの卒業は突然やってくるものではありません。あとどのくらいでやってくるかは、前々からわかっているものですが、そのことを考えないようにしている人が多いのではないでしょうか。

「まあ、その日がやってきてから、考えることにしましょう」と。

このように考えていては、人生の節目を迎えたとき、すぐに歩き出すことができません。

いつまでも仕事のことや会社のことを考えたり、子どもの世話をした思い出ばかりに目を向けてしまうことになるのです。

それではぽっかりと開いた穴がいつまで経ってもふさがることはないのです。もう少しで大きな仕事が片付く。あと三年もすれば子どもが手を離れる。来年、ご主人が定年を迎える……。そう思ったときから少しずつ行動を起こしていくのがいいと思います。

たとえば自由な時間が取れるようになったら、若い頃にやっていた山登りを再開したい。そんな目標や夢をもう一度叶えてみてはどうでしょう。

「失った時間」に目を向けるのではなく、「これから得られる時間」に目を向

けてみるのです。

実際に山に登れなくても、雑誌を買って計画を練ることはできます。どこに行こうか、どんなものを揃えようか、誰と行こうか、何を食べてみようか……。

そういうあなたの姿は、会社の同僚や家族、友人の目にとても頼もしく映るのではないでしょうか。

現実の生活から少しだけ離れて、数年後にやってくる時間に思いを馳せてみることは、今のあなたにとって大いに有意義な時間になるでしょう。

小さい頃に夢中になったことは、あなたが自然と夢中になれること

節目を迎えるにあたり、心の穴を埋めるだけの準備をしておくことが大事なのです。

しかし、とくにやりたいことがないという人もいることでしょう。

趣味もないから、何をやっていいのかもわからない。なかにはそういう人もいます。

やりたいことがないからと、投げやりになるのではなく、やりたいことを探す努力をしてほしいと思います。

いちばんいいのは、自分が幼かったときのことを思い返すことです。

小さかったとき、自分は何が好きだったのか。何に夢中になっていたのか。それがまったくないという人などいないはずです。

一つや二つは、必ず好きで夢中になったものがあるはずです。そこにこそ、あなたが無理なく夢中になれるものへのヒントが隠されています。

ハーモニカが好きだったのであれば、今度は違う楽器にチャレンジするのもいいでしょう。

ノートに落書きばかりしていたのであれば、絵の道具を買ってみてはどうでしょう。

幼い頃のあの自由な時間のなかで、自分はどうやって過ごしていたのか。それを思い出すことで、心の穴は塞《ふさ》がっていくと思うのです。

ひとつの大きな節目を迎えたとき、空虚に思うことがあるかもしれませんが、それだけがあなたの人生ではないはずです。

そこであなたの人生が終わるわけではありません。終着駅ではなく、ひとつの通過駅に過ぎません。

そこで次に乗り換える電車を見つけておくことが大事だということです。

人生というのは、いくつもの電車を乗り換える旅なのですから。

人間関係に「損得」はありません。損をしたようなことも、回り回って、あなたの「徳」となります。

あの人とつき合うべきか、つき合わないほうがいいのか。この仕事を受けるべきか断るべきか。さまざまな選択肢が目の前に訪れます。

それを判断するとき、つい損得勘定で決めてしまうことはありませんか。

この人と一緒にいれば得をしそうだ。あの人とつき合うと損をしそうだからやめておこう。ＰＴＡの役員など引き受けたら、時間ばかりとられてしまって自分だけが損をしてしまう……。

私たちは知らず知らずのうちに損得で物ごとを判断してしまうものです。

人間ですから損をするのは避けたい、できれば得をしたいと思うのは自然なことでしょう。

ただ、あまりにも損得ばかりにとらわれていると、そこから不要な悩みが生じてくるものです。

たとえばビジネスの世界であれば数字で明確に表せますし、ビジネスは利益を追求することが目的ですから、損得を考えることは当たり前のことでしょう。

このように数字となって損得がわかりやすければ、そこに悩みや問題は生じませんが、心の場合は少し厄介かもしれません。

というのも、人間関係において損得というのは、数字のように一見してもわからないものだからです。

損をしても、回り回ってあなたの「徳」となります

「損して得取れ」という言葉がありますが、損をしたように見えて、実は回り回って得をするということは、よくあることです。

たとえば子どもの同級生が私立中学に受かったとします。あるいはお隣のご主人が若くして出世したとしましょう。

つい自分の家と比べて嫉妬して素直に「おめでとう。良かったですね」という言葉がでてきません。きっと相手を褒めることによって、自分が損をしているような気分になるからだと思います。

自分が褒めることで相手はさらに喜びが増します。こちらのほうとしては、その喜ぶ姿を見て、さらに嫉妬心が湧いてくることになるかもしれません。

そして家に帰ってつぶやく。「あんなに褒めなければよかった。ああ、損をした」と……。

なんとも心の狭いことだと思うかもしれませんが、このような些《さ》細《さい》な気持ちの損得はよくあることです。

しかし、あなたの褒め言葉によって、より喜びを味わえた人がいたのは事実ですし、「あなたに褒められて嬉しい」と、あなたとの関係がより親密なものになったのも事実でしょう。

あなたが「損したかも」と思った言葉で、相手が得られた喜びや、互いの関係が良好になったことを考えると、けっして損ではなかったと思いませんか？

またたとえば、仕事で手が回らずに困っている同僚を見て、あなたが手伝ってあげたとしましょう。それによって、あなたが残業をする羽目になり損をしたと思っても、あなたが同僚のためにかけた時間と労力は、あなたが「損」だと思うほどに無駄ではなかったはずです。

「助けてくれた」という同僚の感謝は、あなたの「徳」となっているのです。

「損をした」と考えてしまうのは、相手に見返りを求めてしまうからではないでしょうか。

「こんなにしてあげたのに」、「私は手伝ってあげたのに、あの人は助けてくれなかった」、「こんなに頑張っているのにお礼のひと言もない」……。

このように、相手に見返りを求めて、その通りにならなかったときに「損をした」と感じるのでしょう。

頑張ってやったことに対して、お礼のひとつもないと、ついがっかりもしてしまいますが、「人のため」、「相手のため」と考えるから、そういう思いになるのでしょう。

すべては、自分のためです。

「損」を引き受けることで、「徳」をいただくのは、自分なのです。

回り回って自分が得をする、有り難いことが得られると考えてみると、たとえお礼の言葉がなくても気にならないのではないでしょうか。

もしかすると「やらせていただいて、ありがとうございます」という気持ちにもなるかもしれません。

目先の結果や出来事だけを見て判断するのではなく、大きな流れを見越して考えてみると、損することなどないと思えてくるのではないでしょうか。

人はみんな、関係し合って生かされているのです

仏教の考え方に「ともいき」というものがあります。漢字で書くと「共生」となります。

人間は一人で生きているのではなく、ともに生きている、という意味です。

森羅万象《しんらばんしょう》は、みんな大きな関係性の上に生かされていると考えるのです。

大きなつながりのなかで誰もが生かされているということです。つながり合って生きているのですから、自分だけが幸せになるということなどあり得ません。

自分が幸せになるためには、周りの人たちも同じように幸せでなくてはなりません。周りの人たちはみんな不幸で、自分一人だけが幸せだ。そんな状況などこの世にはないのです。

身近なことでは、家庭を考えてみましょう。

たとえば夫は会社の仕事がうまくいかずに悩んでいる。子どもたちも学校や勉強のことで悩んでいる。なんとなく家のなかにどんよりとした空気が流れているとしたら、あなた一人だけが楽しく暮らすことはできるでしょうか。

家族のみんなが幸せを感じていなければ、あなたも幸せになることはできません。

自分が幸せになりたいと思うのであれば、まずは夫や子どもたちの幸せを願うことです。

「自分はこんなに家族のために尽くしているのにもかかわらず、誰からも感謝をされていない。自分ばかりが損をしている」

そんな言葉を漏らしたくなることもあるかもしれませんが、すべては自分の幸せのためでもあるのです。

まずは、あなた自身がいつも笑顔でいることです。あなたが先に笑顔になることで、笑顔は返ってくるのです。

「完璧」にこだわると、相手にも完璧を求めます。「いい加減」になると、自分と相手に優しくなれます。

何ごとも完璧にしなければいけない、手を抜いてはいけないという生真面目な人がいます。

自分が満足できる状態をキープできればいいのですが、少しでも満足できないと途端にイライラしてきます。

頑張って完璧にこなそうとするのは悪いことではありませんが、その気持ちが強すぎると「そうでなければいけない」、「こうしなければいけない」という思いとなって、やがては自分を追い詰めていくことになるのです。

そしてこの気持ちには際限がありません。

「ちゃんとやらなければ」という思いは、「もっと、もっと」という欲求となるものです。

「完璧にしなければ」という思いが厄介なのは、自分を追い詰めることだけではありません。

自分に対して厳しく完璧であろうという人は、それを人にも求めるものだからです。

そうなると、人間関係に問題が生じるのは当たり前です。

「どうしてもっとちゃんとできないの?」

「もっと頑張ってやりなさい」

というように、周りの人に対しても完璧を求めてしまうのです。

先日も、子育てに悩んでいるというお母さんから相談を受けました。お子さんは小学校の五年生です。

「私はこの子を私立の中学に入れたいと思っています。それがこの子の将来のためだと思うからです。しかし私がいくら一生懸命になっても、なかなか成績が上がりません。一日に五時間以上も勉強をさせていますし、塾にも通わせていますが成績は上がらず、このままでは試験に落ちてしまいます」

話を聞いていると、最近はお子さんから笑顔が消えたと言います。これはあまりいい傾向ではないなと私は感じたので、言いました。

「まずは、お子さんの笑顔を取り戻すことです。そのためにもまず、お母さん自身が笑顔を取り戻してください」

人はそれぞれに持って生まれた能力があります。得意なこともあれば不得手なこともあります。

勉強が得意な子どももいれば、運動が得意な子どももいて、どちらが良いとか悪いということではありません。

人それぞれにある能力を、みな同じように求めるのは間違っているのです。

「完璧」というものは、ありえないと知ることです。

自分と相手の「いい加減」を見つけましょう

「いい加減」という言葉があります。適当に取り組むというニュアンスで使われがちですが、それは少し違います。

「いい湯加減」という言葉があるように、その人に「適した加減」というのが正しい使い方です。

自分にとっての「いい加減」はどの程度なのか。どこまでが自分の限界なのか。それを知ることはとても大事なことです。

子育てでいちばん大切なことは、子どもの「いい加減」がどこにあるかを見つけてあげることではないでしょうか。

七の力しかない子どもに、無理をして十を求めることは、結果的に子どもから笑顔を奪うことになってしまいます。

七の力しかないのであれば、七を出しきればそれでいいのです。

親が思う完璧を押しつけるのではなく、その子にとっての完璧を目指すように仕向けてあげればいいのです。

そして十分に力を出しきったのであれば、結果はどうであれ、抱きしめて褒めてあげることです。

これは自分自身にとっても言えることです。

「もっと、もっと」と自分を追い詰めていくのではなく、頑張っている自分を褒めてあげることです。

自分に厳しくするだけではなく、もう少し自分に優しくしてあげることも、とても大切なことなのです。

人にはそれぞれ適した居場所があります

では、どうして「いい加減」を見失ってしまうのでしょう。それは周りと比較をしているからです。

世の中には「普通」という言葉があります。今どきは大学に行くのが普通。高校に行くのが普通。社会人になれば三十歳までに結婚するのが普通。四十歳くらいで家を買うのが普通……、などいろいろあります。

これらの「普通」はいったい誰が決めたのでしょうか。

「完璧」が幻想であるように、世の中に蔓延《まんえん》している「普通」もまた幻想です。

普通でなくてはいけない。みんなと同じでなければ取り残されてしまう……。世の中はそんな思いであふれています。

しかし、たとえ取り残されたとしても、不都合なことがあるのでしょうか。取り残された人は、生きてゆくことができないのでしょうか。

世の中にはさまざまな場所があるものです。

もしもどこかで取り残されたと感じたとしても、また別の場所に移ればいいだけのことです。

先のお母さんにしても、勝手に思い描いた「普通」に向かって子どものお尻を叩いているのです。自分が考える「普通」を子どもに押しつけているのです。

もし「普通の子ども」がいるのならば、私は「いつも笑顔にあふれている子ども」だと思っています。

すべてのことに「完璧」と「普通」を求めないことです。

はじめからないものを求めても仕方がありません。

自分にはない何かを求めて自分を追い詰めるのではなく、自分のなかにあるものに気づき、優しく受け入れることです。

相手にはない何かを求めて厳しくするのではなく、相手のなかにある良いところを見つけて、それを褒めたたえることです。

そのためにも、「いい加減」な気持ちになってみましょう。

自分の心がいちばん心地良い状態はどこにあるのか。それを見つけることが、自分自身を知ることにつながっていくのだと思います。

悩みとは頑なな心から生まれます。そしてその心を解きほぐしてくれるのが、「いい加減」な心持ちなのです。

第四章

流されてたどり着く幸せ

「他人ごと」ではなく「自分ごと」として、人生のすべてを引き受けると、道は拓《ひら》けます。

人というのは、流されて生きるほうが楽なものです。周りと歩調を合わせることで、よけいな軋轢《あつれき》を避けることができますし、大きな流れに逆らうことは、摩擦を生み問題が生じる原因になるからです。

流れに逆らってまでもやりたいことがある。いろんなものを捨ててでもやりたいことがある。ときにそういう生き方を選ぶ人もいるでしょうが、ほとんどの人はそれほど強いものを持ち合わせてはいません。

たとえ持っていたとしても、そこから生まれるリスクを前にしたら、たじろいでしまうことでしょう。

「流されて生きる」ことは、惰性で生きるということとは違います。

その生き方を選んだのは、あなた自身だからです。

私たちの人生の道は、幾重にも分かれているものです。どちらの道に進もうかと、常に選択をしながら歩いています。

小さなことから大きなことまで、人生とは選択の連続である、と言っても過言ではないでしょう。

もし何ごとか問題が起きたとき、誰かのせいにすることは簡単なことです。

しかし、誰かのせいにすることで、問題が解決することはありません。

誰かのせいにすることは、その問題から逃げていることであり、遅かれ早かれまた同じ問題が降りかかってくるものなのです。

たとえば「無理にやらされた結果、こうなった」と考えていると、「やらされた結果、悪いことになった」という現実がつきまとうものです。

親にさせられた、夫にさせられた、会社のせいで、友だちがそう言ったから……というように、「人のせい」と考えていると、「誰かのせい」で納得のいかない現実が常にやってくるのです。

なぜならば、それは「他人ごと」の人生だからです。

他人のせいにしている人生は、「他人任せの人生」ということです。

ということは、常に他人に振り回される人生が続くことになるのです。

どのような道であろうと、自分が選択した道は「あなたの道」です。

たとえその道に困難なことがあったとしても、つらいことや悲しいことが待ち受けていたとしても、それは誰のせいでもありません。

誰かのせいにして困難から逃げるのではなく、真正面から向き合うことです。

それができてはじめて「自分の道」が拓けていくように思います。

志を持って生きる

「自分の道」とはどういうことでしょうか。

自分の道を歩いていくために大切なものは、自分自身の心の持ちようです。

たとえば、「私はどんなときでも穏やかな気持ちで生きていきたい」、「どんなことが起きようが、動じることなく生きていきたい」、「人に対して、いつも優しい心を持っていたい」……。

それは生きていくための心の指針とも言うべきものです。志と言ってもいいかもしれません。

志というのは、何も大仰なことを成し遂げることだけではありません。

他人に対して優しさを持つこと、自分をもっと大切にすること、いつも笑顔でいることなど、身近にできることもまた立派な志です。

人生において、具体的な目標や夢を持つこともいいでしょう。それは生きる活力になります。しかし、それらはいつか達成することを目的にしているものです。

しかし、志には達成されることや、ゴールはありません。

「今日、笑顔でいられたから終わり」ということもなければ「一週間、穏やかに過ごせたから合格」ということもありません。

平穏時にはそれができても、病気やケガになったときにも、それがまっとうできるかどうか。

優しい人にはそれができても、攻撃的な人や皮肉屋を相手に、それがまっとうできるかどうか。

志をまっとうするということは、生きている限り、終わりはないものなのです。

もう少し言うと、志を持って生きるということは、自分で自分の人生を引き受けるということです。

「他人ごと」ではなく、「自分ごと」として生きるということです。

自分で選択し、自分で責任を取るということは、とてもシンプルなことで、不要な問題も生まれません。

なぜなら自分自身で完結しているからです。

それでもなお、一歩先に進む

人生の終わりは必ずやってきます。そしてその終わりは、自分で決めることはできません。

大きな流れのなかであなたは生かされ、そして終焉《しゅうえん》へと運ばれていきます。

私たちの命は仏さまからお預かりしているものです。

いつやってくるかわからない人生の終わりを迎えるその日まで、私たちは生き続けなくてはいけないのです。

禅の修行に終わりはないと言われています。

ここまでやれば合格、ここまで来たら終了というものは何ひとつありません。

「百尺竿頭進一歩（ひゃくしゃくかんとうに　いっぽすすむ）」という禅語があります。

百尺の竿を登り続けていると、やがては先っぽにまでたどり着きます。

もうこれ以上進めば、竿から落ちてしまう……。それでもなお、一歩を踏み出しなさいと禅は教えているのです。

つまり、人生はその終わりがやってくる瞬間まで歩き続けなければいけないということです。

あなたの歩いている道を信じ、あなた自身の足で歩いてください。

それが自分の人生をまっとうするということだと思います。

「無常」とは、常なるものはどこにもない、という意味であり、それが人生です。

長い人生の道のりには、予期せぬ出来事に見舞われることがあります。思ってもみなかったことが起きたとき、私たちはつい口にしてしまいます。

「どうしてこんな目に遭わなくてはいけないのだろう」、「いったい私が何をしたというの？」、「こんなはずではなかったのに」……。そして投げやりになってしまう人もいるかもしれません。

ある四十代のご夫婦の話です。

同じ会社で出会い結婚し、奥さんは会社を辞めて専業主婦になりました。夫のお給料だけで十分に生活することができたからです。

やがて二人の子宝にも恵まれて四十歳になったのを機に、郊外にマイホームを購入しました。何不自由することなく、子どもたちもすくすくと育ち、まさに絵に描いたような生活でした。

きっとこのまま幸せな人生が続いていくだろうと、そのご夫婦は信じていたのです。

ところがある日、そんな生活が一変しました。夫が会社をリストラされたのです。早期退職という名目ではありますが、要するに会社の人員削減の対象となってしまったのです。

しかし夫には自信がありました。これまでの仕事の実績を考えても、再就職は簡単なことだ。自分をリストラするような会社よりも、もっと自分を高く評価してくれる場所を探そうと考えたのです。

しかし現実は甘くはありませんでした。いくつかの会社を紹介されたのですが、条件面で折り合いがつかず、自分のほうから断っていました。年収が減れば、家のローンを払うのが大変になります。なんとしても前の会社で稼いでいた年収と同じくらいを望んだのです。

半年以上もかけて就職口を探したのですが、なかなか納得できる会社はありませんでした。そのうちに「もしかしたら自分は必要とされていないのではないか」という思いにかられていきました。

そうして一年が過ぎた頃には、夫はすっかりやる気を失い、家に閉じこもるようになっていったのです。奥さんが心配して病院に連れていくと、軽いうつ状態だと診断されました。

夫がこの調子ですから、家庭から笑い声が消えていきました。そうしてついに貯金も底を突き、ローンを支払うことも難しくなってきたのです。

「家を手放しましょう」

奥さんは提案しました。「そんなことはぜったいに嫌だ」と夫はマイホームに執着しましたが、現実を考えればもう手放すしか方法がないこともわかっていたのです。今売れば高く売れる。そうすればローンを精算することもできるはずです。そう判断してからの奥さんの行動はとても速いものでした。

すぐさま家を売るために不動産屋を呼び、あっという間に買い手を探しました。同時に賃貸アパートを契約して、引っ越しの日取りまで決めてきました。やる気の起きない夫は、ただ奥さんに言われるままについていくだけだったそうです。

アパートに引っ越すと、翌日から奥さんはスーパーでアルバイトをはじめました。朝から夕方まで働き、家事もこなしていく奥さんは、いったいどこにそんな力があったのかと周りが驚くほどに、一生懸命に生活を立て直そうと努力をしたのです。

「リストラされたくらいで投げ出してどうするの。人生は長いのよ」

奥さんのこの一言に夫は目が覚めました。

リストラされたからと言って、人生が終わったわけではないのです。それもまた人生の通過点に過ぎない、ということを、ようやく夫はわかりはじめました。会社もひとつだけではないですし、仕事も自分がやってきた仕事だけではないのです。とにかく歩き出さなければ何もはじまらない、という考えに至ったのでしょう。

奥さんの姿に励まされた夫は、新しい就職先を見つけてきました。これまでとはまったく違う仕事です。年収はかつての三分の二になりましたが、それでも夫は、再び歩きはじめる力を得ることができたのです。

ひとつのところに留まっているものなど、何ひとつありません

このように、予期せぬ出来事に見舞われた経験を持つ人もいることでしょう。

そしてそれは、誰にでもやってくる可能性があるということです。

いつ何がどうなるかわからない。それが人生というものなのです。

「無常」という言葉が仏教にはあります。ご存知の人も多いと思いますが、仏教にとっては大変重要な意味合いを持つ言葉です。

この言葉が意味するところは、「この世は常に移り変わる。常なるものなどどこにもない」というものです。

森羅万象は常に移り変わっているのです。

当たり前だと思うかもしれませんが、どこかで自分だけは変わらないと信じている人もいることでしょう。今の幸せな暮らしがずっと続くのだと信じ込んでいる人は多いものです。

ですから、予期せぬ出来事を前にすると、たじろいでしまうのです。もうこれで自分の人生はダメになってしまったと嘆き苦しむのです。

予期せぬ出来事は、常に私たちの人生にあるものです。

流れを受け入れて、身を任せて生きる

もしも人生がすべて予定通りに進んでいくのであれば、人生を歩く意味はありません。常に移り変わっているからこそ、私たちはその変化を楽しみ、あるいは克服しながら生きているのです。

人生には大きな流れがあります。自分の力ではどうしようもない出来事がたくさんあります。その流れに逆らうこともできませんし、またその流れを止め

ることもできません。

流れを受け入れて、流れに身を委ねることです。

先のご夫婦の場合、夫のほうは突然にやってきた流れを受け入れることができなかったのでしょう。なんとかして以前の流れを取り戻そうと喘《あえ》いでいたのです。さらには過去に手に入れたマイホームに執着していたということです。それが彼の歩みを止めていたのだと思います。

一方の奥さんはと言えば、やってきた流れを早い時期に受け入れたのだと思います。夫のリストラを悲しんでいるだけでは何も進まない、次なる一歩を踏み出そうと考えを切り替えたのでしょう。

人生は常に流れているのです。その流れを受け入れることで、物ごとはスムーズに進むのです。

縁はすべての人に平等に流れています。色眼鏡で判断するのではなく、執着もせず、ただ受け入れましょう。

最近「無縁社会」という言葉をよく耳にします。家族もなく、地域社会とのつながりもなく、一人きりで生涯を閉じる人が増えているということです。

私は「無縁社会」という言葉を耳にするたびに、心が締めつけられるような思いが押し寄せてくるのです。

誰とも縁を結ぶことができない人など、一人もいるはずがありません。この社会に生きている限り、誰もが縁を持っているものです。

仏教では、縁というのは誰のもとにも平等に流れてくるものだと考えられているからです。

ただ、流れてきた縁をつかむのか逃すのか。それは個々人の心に委ねられて

います。

たとえば「縁がなくて結婚できない」と嘆く人がいます。

しかし、それはその人に縁がないのではなく、積極的に縁を結ぼうとしていないだけのこと、ではないでしょうか。

どこかで相手のことを拒否したり、興味を向けなかったりしているだけなのです。「結婚に縁がない」人など一人もいません。

では自分のところに流れてくる縁を、どのように結んでいけばいいのでしょうか。

人間関係には「ウマが合う・合わない」という表現があります。明確な理由はなくても、なんとなく気持ちが通じ合ったりすることもあるものです。

反対に、なんとなく苦手だと感じる人もいるでしょう。

とくにどこが嫌いだということはないのですが、あまりつき合いたいとは思わない相手もいるものです。

簡単に言ってしまえばこれらは「好き嫌い」ということになるでしょう。

この「好き嫌い」で人を判断してはいけないと言う人もいますが、私は、心に生じる「好き嫌い」を大切にして決めることがあってもいいのではないかと思っています。

無理をしてまでつき合わなければいけない関係は、長くは続きません。いずれ離れることになるでしょう。何もことを荒立てる必要はなく、その場からそっと離れればいいだけのことです。

自分の「勘」に従ってみましょう

ウマが合うということには、一見すると何の根拠もないように思えますが、実はそうでもありません。

同じような境遇に生まれたり、同じような経験をしてきたり、同じようなものに興味があったり、そこにはさまざまな共通点があったりします。とくに同じ趣味などは持っていなくても、美しさを感じ取る感性やものの見方が同じだったりすることもあるでしょう。

目には見えないのですが、お互いの気持ちがどこかで通じていることを感じているのでしょう。


そういう自分の勘、直感を信じてみてはいかがでしょう。


自分が感じる心に従ってみると、意外と当たっていることも多いものです。

これは「ウマが合わない」と感じた相手も同様です。

しかし、「ウマが合わない」と感じたからと言って、すぐさま積極的に縁を切ってしまう必要はありません。

ただその縁を流せばいいのです。あえて切ろうともせず、ひとまず放っておくことです。

どちらかが積極的に結ぼうとしない縁は、やがて消え去っていくものですから、流れに任せておけばいいのです。

思い込みや、決めつけに惑わされてはいませんか？

勘や直感に従ってみることをお伝えしましたが、それと「思い込み」や「決めつけ」は違います。

思い込みや決めつけとは、たとえば「この人はこういう人に違いない」と、良くも悪くも思うことです。

おそらくそのような思い込みや決めつけは、過去の経験に基づいた結果なのかもしれませんが、過去の人と、今いる目の前の人は別人です。ですから、その通りとは限りません。

それにもかかわらず、経験則で「こういう人」、「こうに違いない」と決めつけてしまうことは、縁を遠ざけてしまうことになります。

たとえば「向こうから声をかけてきてくれたから、明るくて優しい人に違いない」などと思い込み、いざつき合ってみてそうではないと知ると、「期待外れ」などと感じることがあります。勝手なものですが、思い込みはこうして縁を壊してしまうことにもなります。

またたとえば、「話しかけても答えてくれなかったわ。とっつきにくい人ね」などと、きちんと話もしないで敬遠したりすることもあります。

「そうではない可能性」があるにもかかわらず、それに目を向けずに、勝手な思い込みだけで相手を判断した結果、縁を逃してしまうわけです。

このように、せっかくいただいた縁であったはずなのですが、思い込みや決めつけを持っていると、縁遠くなっていくのです。

また、ママ友のなかから、親友なんてできるわけがない、などと思ったり、近所だからといって深くつき合う必要はない、私のことをわかってくれるのは学生時代の友人だけだ、などと思い込むことも、せっかくの縁を逃してしまうことになります。

縁を大切にしたいと思うのならば、色眼鏡で相手を見ないことです。

自分のところに流れ、運ばれてきた縁は、受け入れて大切にすることです。

せっかく運ばれてきたのですから、はじめから拒否するのはもったいないと思いませんか。

縁が来たことに感謝の気持ちを持ちつつ、心のなかで結ぶか否かを決めていけばいいのです。

慌てて結ばなくても、時間が経ってから結ばれる縁もあるでしょう。結んだ縁が途中で切れることもあるでしょう。それはそれで、すべて流れに任せればいいのです。

自然体で生きるとは、好きなように生きることではありません。自然とともに生きることです。

「自然体で生きる」

書店などに行くとよく見かける言葉です。またさまざまな人がこの言葉を使います。とても耳触りの良い言葉で、きっと多くの人がそうありたいと願っているのでしょう。

ではいったい、自然体で生きるとは、どういうことなのでしょうか。

私はそれを「自然の摂理に従って生きること」だと考えています。

私たちは自然という大きな力に生かされています。人間の力が及ばないその大きな力には、けっして逆らうことなどできません。

夜が明ければ朝が来ます。その夜明けは人間の力でコントロールすることはできないのです。

春になれば草木が生い茂ります。美しい花が咲き、その甘い蜜の香りに虫たちが引き寄せられてきます。

延々と繰り返されているこうした自然の営みのなかで、私たち人間もまた生きていることを忘れないようにすることが大事です。


自然体で生きるとは、すなわちいつも自然と自分との関わりを意識することなのかもしれません。


犬や猫などの動物は、自然の摂理に沿って生きています。空腹になれば餌を食べ、眠たくなれば寝る。空腹が満たされれば、それ以上に食べることはありません。眠たいのを我慢して何かをすることもありません。

ところが人間はそうではありません。

お腹がいっぱいになっても「甘いものは別腹」などと言いながら食べ物を詰め込みます。睡魔を我慢しながらも仕事を続けます。ときにはすっかり太陽が昇っているにもかかわらず、昼過ぎまで眠ることもあるかもしれません。

動物たちから見れば、なんと人間とは自然に逆らいながら生きているのかと思われているでしょう。

もちろん動物と同じような生活ができるはずはありません。夜になってもやることが山積していて、深夜まで働かなくてはならないこともあるでしょう。ときには昼過ぎまで眠っていたい日もあります。ストレス発散のために、お腹いっぱいケーキを食べたいときもあるでしょう。

それはこの社会で生きていれば、避けるのが難しいことです。しかし、そんな生活にけっして慣れてはいけないのではないでしょうか。

深夜まで仕事をするのが当たり前。休日は昼まで寝ているのが当たり前。深夜に食事をとるのが当たり前。そのような生活にどっぷり浸かってしまうと、必ず心身に悪い影響が出てきます。

できる限り、規則正しい生活をすることです。太陽が昇る朝には起きて、夜には眠る。これが人間としての本来の姿なのです。ほかの動物たちと何ら変わることはありません。人間もまた、彼らと同じように自然のなかで生きている動物なのですから。

便利な時代だから、自然に生きられなくなっているのです

しかし一方で、世の中はどんどん便利になりました。たとえばコンビニなどに代表されるように、深夜になっても食べ物が手に入るようになりました。今の若い人には考えられないでしょうが、私が大学生だった頃には、深夜まで営業している店などありませんでした。

夜になってお腹が空いても、食べ物を売っている店はないのですから、翌朝まで我慢するしかないのです。空腹を抱えながら朝が来るのを待ったものです。

また、自宅ではない下宿生たちは、たとえ飲み会があろうとも、みんな夜の十時には帰っていきました。

なぜそんなに早く帰ろうとするのか。それは、銭湯が十一時には閉まってし

まうからです。

「お風呂に入りたい」。その気持ちが家路を急がせたのです。

なんとも不便な生活です。それでも思い起こしてみれば、その不便さがあってこそ、なんとなく規則正しい生活ができたとも言えるのです。

今はとても便利な時代です。ほとんどのアパートにはお風呂がついていますし、深夜でも食べ物が手に入ります。

欲望を満たそうと思えばいくらでも満たすことができる。そんな時代だからこそ、規則正しい生活をするためには、自分自身がしっかりとしていなければならないのです。

自然とともに生きることが、自然体で生きることです

「自然体で生きる」という言葉を「自分の思うがままに生きる」と解釈している人がいます。自分がやりたいと思ったことをやる。自分の欲望に正直に生きることだと思っている人たちです。しかしそれは少し違うような気がします。

自分がやりたいことだけをやって、やりたくないことはやらない。もちろんそうできるのであればいいでしょうが、そんなことはできるはずはありません。自我を押し出しすぎれば、必ずや衝突が起こります。また自分の欲望に正直になりすぎれば、それこそ自堕落な生活に陥っていくことにもなります。

自然体で生きるということは、わがまま勝手に生きたり、欲望をさらけ出して生きるということではないのです。

自然体で生きるためには、まず規則正しい生活を取り戻してください。朝早くに起きて、外から流れてくる空気を胸いっぱいに吸い込む。これで心地良さを感じない人などいません。

それはつまり、朝早く起きることが人間にとって自然な行為であるからです。

夜が更けてくれば、自然と人間の脳と身体は睡眠を求めます。その日に溜《た》まった疲れを取ろうとするのです。その身体の声をよく聞いてあげることです。

世の中は、規則正しい生活の邪魔をしようとするものであふれています。

たとえばスマートフォンやパソコンを、眠るときにさえベッドのなかに持ち込んでいる人もいると聞きます。それはせっかく眠ろうとしている脳をわざわざ覚醒させることになるでしょう。規則正しい生活の邪魔をしているものを遠ざけることが大事なのです。

できるだけ、自然と触れ合うことです。休日には朝早く起きて、近所の公園を散歩してみてください。もちろんスマートフォンなどは持っていかず、コーヒーを入れたポットでも持って歩いてみてください。

公園にはさまざまな草花が咲いているでしょう。起き出した小鳥の鳴き声が聞こえるでしょう。きっとあなた自身の心と身体の声が聞こえてくるはずです。

その声に耳を傾けることこそが、自然体で生きることなのです。

笑顔と言葉が美しい人は、それだけで人から、愛される人です。

周りの人たちから愛されたい。みんなから好かれる人になりたい。誰もがそんなふうに願っているものです。「別に嫌われてもかまわない」と口では言いつつも、本心から嫌われてもいいと思っている人などいないでしょう。

私たちは社会のなかでたくさんの人と関わり合って生きているのですから、嫌われるよりも好かれるほうが生きやすいに決まっています。

ところで、あなたの周りを見渡してください。

なぜか人から好かれている人がいるはずです。男性からも女性からも好かれ、いつも人がその人の周りに集まるような、そんな不思議な魅力を持っている人です。

さて、そういう人たちの魅力とはいったい何なのでしょうか。

万人に好かれる魅力とは、「笑顔」と「優しい言葉づかい」だと私は思っています。

「和顔愛語《わげんあいご》」という言葉が禅にはあります。

「和顔」とは優しい表情のことを指します。柔和な笑顔であり、相手を受け入れるような優しい表情のことです。

そして「愛語」とは、美しく優しい言葉づかいのことです。言葉づかいというのはとても大切なものです。

よく「心が美しければ、言葉づかいなど汚くてもかまわない」、「心では優しさを持っているのだから、言葉は多少きつくてもいい」と言う人がいますが、私は違うと思います。

やはり汚い言葉づかいをする人の心は、どこか美しさに欠けていると思うのです。

反対に心が美しい人というのは、自然にその言葉も美しく優しいものになっていきます。

なぜなら心と言葉はつながっているからです。

人と人をつなげるものが言葉です。

たとえば長年連れ添った夫婦のなかには、「いちいち言わなくてもわかってくれているはずだ」という言い方をする人もいます。

結婚して五年も経てば、会話も減っていくかもしれません。しかし、それでは夫婦とは言えないと思います。

夫婦といえどもお互いに一人の人間ですから、気持ちは日々移ろいでいます。そんな互いの気持ちを確かめる手段は、会話しかありません。言葉しかないのです。

表情は、あなたの心そのものです

私はこれまで、多くのご夫婦と出会ってきました。仲の良いご夫婦を見ていると、そこには温かな空気が流れているのを感じます。別にニコニコしているわけではありませんが、ふとしたときに互いに笑顔を見せています。目と目を合わせてにっこりと笑っています。そして、笑顔で優しい言葉をかけているのです。

一方で、残念ながら離婚するご夫婦もいます。離婚する夫婦を見ていると、そこには心の会話が見られません。そして必ずと言っていいほど、無表情になっているものです。

無表情というのは怖いものです。怒ったり相手を責めたりしているほうが相手の心もわかるでしょう。ところが無表情というのは心が存在していません。つまり、人間関係そのものが失われているということなのです。

話を戻しましょう。どうすれば愛される人になれるのか。それは、できるだけ優しい心を伝える笑顔を心がけることです。表情は少し心がけるだけで、柔らかくなるものです。

笑顔ほど人間関係を穏やかにするものはないと思います。

笑顔を見せることができるのは、私たち人間だけなのです。

感情的になったときには、二度目に思った言葉を伝えましょう

そしてもうひとつの言葉づかいですが、私たちには感情がありますから、ついカッとなってしまうこともあるでしょう。

その感情をそのまま言葉にすれば、その言葉は汚く強いものになってしまいます。それを避けるためにも、相手の言葉に対してすぐさま言い返さないことが大事です。とくに反論するときや言い返すときには、一度自分のなかでぐっと言葉を飲み込むことです。

すぐに心に湧いてきた言葉を、まずは心のなかで言ってみることです。

「私が悪いわけじゃないでしょう!」などと言いたいときでも、ひと呼吸置いてみましょう。

すると「私も悪いところはあるけど、あなたの責任も少しはあると思うわ」

など冷静な言葉にかえられるものです。

時間にすればたった数秒のことです。数秒間その言葉を自分の心に留めておくだけで、言葉には優しさが生まれます。

感情的になったときには、最初に思った言葉を相手にぶつけるのではなく、二番目に思った言葉を口にすることです。

そして、何かを考えるときに、いつも美しい言葉で考えるという習慣をつけてください。

私たちは常に何かを考えていますが、言葉がなければ実は考えるという作業はできません。

その考えるという作業を、できる限り美しい言葉で行うことです。

「あいつは本当にダメでばかな奴だな」と心で考えている人は、言葉にするときにいくら飾っても、どうしても汚い言葉が出てくるものです。

柔らかい言葉で考えている人は、自然と柔らかい言葉が口から出てくるものなのです。

言葉というのは、取り繕うことがなかなかできるものではないのです。

「言霊《ことだま》」という言葉があります。

言葉には魂が宿っているというのは、昔から言われていることです。

言葉を大切にしてください。

口に出す言葉も、心のなかにある言葉も、どちらも美しくあってほしいと思います。

自分を見失いそうなとき、実家に帰ってみましょう。子どものときの自分が道を教えてくれます。

まったく無理をすることなく、思い通りに生きている人は一人もいないのではないでしょうか。みんなどこかで無理をしながら、我慢を強いられながら生きているものです。

もっと別の仕事に就きたいと思いながらも、生活のために今の仕事を続けている人や、苦手な人とつき合わなければならない人、いろんなストレスを感じている人など、さまざまでしょう。しかしそれもまた、生きていくということなのです。

大きな社会の流れに乗ることが大事だと書きました。

流れに身を委ねながらも、少なからず自分を押し殺さなければならない場面もあるでしょう。

それは仕方のないことですが、けっして無理をしないことです。

「露」という言葉が禅にあります。

無理をすることなく、何も隠すことのない自分。その姿に目を向けることの大事さを説いた言葉です。

それはたんにわがままに生きるということではありません。好き放題にやることではありません。

自分という人間の原点は何だろうか。そこに目を向けることの大切さを教えているのです。

実家は心の避難場所です

誰にも気兼ねなく自分をさらけ出せる場所とは、家庭であり家族の存在です。外の世界でしんどい思いをしても、家庭に帰れば自分を取り戻すことができる。ときにぶつかり合うことがあったとしても、そこは人生における避難場所のようなものなのです。

体裁を気にすることなく、すべてをさらけ出せる場所。まずはその場所を大切にすることです。

とはいえ、やはり家族のなかにおいても無理をせざるを得ないこともあるものです。夫婦とは言っても他人ですし、子どもたちもまた別の人格を形成していきます。そんななかでは、やはり本当の自分が見えなくなることもあるでしょう。

「もう限界です。自分で自分のことがわからなくなってきました」と私に言った女性がいました。私はその方に言いました。

「お父さんとお母さんに会いに行ってみてはいかがですか。きっとそこには、素のあなたがいるはずですから」

自分を見失いそうになったときには、ご両親に会いに行くことです。

実家の門を一歩入れば、もうあなたは子どもに戻ってしまうのです。どんなに年を重ねても、親は親。子どもは子どもに過ぎません。

どんなに偉そうなことをあなたが言ったとしても、どんなに着飾っていたとしても、親にとってあなたは愛おしい子どもなのです。

「ほら、もう夜も遅いから、早く寝なさい」と母親に言われると、もう四十歳を過ぎた大人になっているにもかかわらず、子どもの頃から聞き慣れたその言葉に、どこかでほっとすることでしょう。

親の前にいるだけで、心から安らぐことができるものなのです。幼かった頃の自分を思い出したりもするでしょう。

父親の温かな眼差しと母親の優しい言葉に包まれた瞬間、きっとあなたの心は洗濯されるのでしょう。

そして、本来の自分の姿を見出すことができるのです。

一年に一度でもいいですから、どんなに遠くであろうが、実家への道のりをたどることです。

忙しくて実家にも帰ることができないという人もいるかもしれません。

「無理して帰ってこなくてもいいよ」と、親は言うかもしれません。

どんなに会いたくても娘を思いやる気持ちが、親心というものだからです。

けれども、多少の無理をしてでも、両親には会いに行くことです。

その休息によって、再びあなたは心地良い呼吸を取り戻すことができるでしょう。もし無理でなければ、年に数回は実家に帰ってほしいと私は思います。

故郷の空気が心を元気にしてくれるのです

ご両親がすでに他界してしまったという人もいるでしょう。

たとえ両親はいなくても、あるいは実家が取り壊されていたとしても、故郷へ帰ることです。

両親の姿はなくとも、そこには思い出がたくさん残っているでしょう。

実家が取り壊されていたとしても、両親のお墓はあるでしょう。きっと両親は、花を手に歩いているあなたの姿を見ているはずです。

「忙しいのにわざわざ来てくれてありがとうね」

そんな両親の声が聞こえるはずです。

もしかしたら、かつての町は姿を変えているかもしれません。

駅前の商店街は消え、真新しい駅ビルになっているかもしれません。幼き日に通った小学校も建てかえられているかもしれません。ときの流れが、あなたの故郷の風景をかえてしまっていることもあるでしょう。

どんなに様変わりしていたとしても、その故郷に流れる風は変わることはありません。

行き交う雲や川の流れは何も変わっていません。そんな変わることのない故郷の風や匂いを感じてみてください。

頬をなでる風の心地良さが、幼かった頃の自分を思い出させてくれるはずです。

「ああ、懐かしいな」と感じるそのとき、あなたの心は「露」になっているのです。

まったく無理をすることのない自分の心がそこにはあります。

私は生まれも育ちも横浜ですから、帰る故郷がありません。少し寂しい気もしますが、ときには寺に戻るとき、少しだけ遠回りをして、幼き頃に通っていた小学校の前を通ることがあります。

夕方の小学校には、もう児童の姿はありません。それでも、校庭に流れるチャイムの音を聞いた瞬間、私の心は「あの頃」に連れていかれます。

心から安らぎを覚える時間が、故郷にはあるのです。

世の中に「つまらない日」はありません。そう感じる心があるだけです。「幸せ」と感じられる人だけが、幸せな人なのです。

毎日が同じことの繰り返しで、楽しいこともなければワクワクするようなことも起きない……などとふとした瞬間、頭をよぎったりすることもあるでしょう。そういう思いが募れば、やがては自分自身の生き方を否定することにもつながっていきます。

「もっと私には別の人生があったのかもしれない」、「もっと私を必要とし、感謝してくれるような場所があるのかもしれない」といった具合です。

そして最後には、「私はいったい何をしているのだろう」、「何のために生きているのだろうか」という思いにかられるのです。

第一章でも少し触れましたが、「ハレ」と「褻《け》」という言葉があります。「ハレ」というのは日常とは違う、たとえばワクワクするような時間であったり、自分が輝きを放つような時間です。

一方の「褻」というのは、淡々とした変わることのない日常を指します。つまりはみなさんが「つまらない」と感じている時間のことです。

私たちはつい「ハレ」の日を求めます。

面白いこと、刺激的なこと、日常からかけ離れた楽しい時間、自分が輝く瞬間。そういう時間に思いを馳せて、そこにこそ幸せがあるのだと思ってしまうものです。

しかし、そんな「ハレ」の時間はとても少ないものです。年に数回もあればいいほうです。なんとも寂しいものだと思うかもしれませんが、それが人生というものです。

たしかに刺激的なことがあれば、その瞬間は幸福感に包まれるでしょう。

しかし、その刺激的な出来事さえも、回数を重ねていくうちにつまらなく思えてくるものです。

どんなに刺激的な「ハレ」の日でも、それが続けば、いずれは日常になっていくということです。


刺激を求め続けているということは、「ない」ものに目を向けることであり、それは欠乏感に心がとらわれているということでもあります。

大事なことは、あなたの目の前にある日常にしっかりと目を向けることです。

「つまらない日」は一日もありません

「今日も昨日と同じことの繰り返し」と思い込んでいるのは、あなた自身なのです。

昨日と今日が同じことなど、ありえないことです。

天気も違いますし、季節も少しずつ進んでいます。出会う人の表情も違いますし、言葉を交わして感じる印象もまた違うはずです。

そんな日常の小さな変化に目を向けたことはありますか？

「安閑無事《あんかんぶじ》」という禅語があります。安らかで、何ごともない平穏な状態を表す言葉です。

幸せとは何かと問われたら、私はこの言葉を贈ります。

何ごともない変わらぬ日々にこそ幸せは宿っているのだと思います。

「今日も同じことの繰り返しか」と嘆くのではなく、「今日もまた昨日と同じように穏やかな日を過ごすことができる」

そのように考えてはいかがでしょうか。

そして、「つまらない」ことなど人生にはありません。

苦しいことや楽しいことはあっても、「つまらない」ことなどないのです。

もし「つまらない」ことがあるとすれば、それはあなた自身の心のなかにあるだけです。

「つまらない」と感じる心が、目の前の現実をその通りにしています。

ということは、心を変えれば、現実はどのようにでもかわるということです。毎日を「つまらない」と感じるか、「今日も穏やかな日で有り難い」と感じるかは、あなた次第なのです。

「幸せだな」と感じられる人が幸せな人です

みなさんはよく「幸せになりたい」という言葉を使っているでしょう。そして、幸せになるために何がほしいかを考えています。

「もっとお金があれば幸せになれる」、「結婚したら幸せになれる」「マイホームを買えばきっと幸せになれる」……。

このように、幸せになるための「条件」ばかりを探しています。

しかし、幸せとは「何かが手に入れば」とか「こうなれば」という条件を満たせば手に入るというものではありません。

幸せというのは、「なる」ものではありません。幸せとは、「感じる」ものであることに気づいてください。

「ああ、私は今幸せだな」と、そんなふうに感じることこそが大切なのです。

つい「あの人は幸せそうだ。私もあの人のようになりたい」と思ってしまうこともあるでしょう。

しかし、けっして「あの人」と同じようにはなれませんし、またその人が幸せを感じながら生きているかどうかもわからないものです。

誰かを羨ましく思ったりすることは、まったく意味のないことなのです。

「幸せになりたい」と思っている人は、感謝が足りない人かもしれません。

朝目覚めて、新しい一日を迎えることへの感謝、食事をいただくことへの感謝、やるべきことがあることへの感謝……。

目の前にあるすべてのことに有り難いと思える心があれば、すでに幸せに生かされているということに気がつけるのではないでしょうか。

幸せに生きている人というのは、要するに幸せを感じる力のある人です。

幸せを感じる力を養ってください。

「ああ、幸せだな」

そう感じた瞬間に、もう幸せなのです。

あとがき

私たち人間はこの世に生まれ、そしてやがては死んでいきます。それは延々と変わることのない真理です。

百年もの月日を生きる人もいれば、齢を重ねないままに旅立っていく人もいます。それを人々は不条理と言いますが、仏教ではそれもまたひとつの真理であると考えています。

生まれたときから、それぞれの寿命は決まっています。人にはそれぞれの「定命《じょうみょう》」があるのだと仏教では考えているのです。

自分自身でその「定命」を知ることはできません。そしてまた、それを知る必要もないのです。

いずれやってくる「定命」のときまで、精一杯に生きること、生き抜くことです。

今日という一日、今という一瞬を精一杯に生き切ること。
それこそが私たちに与えられた使命であると思うのです。

仏教では「真理」のことを「法」と言います。
この「法」という字は、「さんずい」に「去る」と書きます。「さんずい」は「水」のことです。

水は高いところから低いところへと流れていきます。それは誰も変えることのできない真理なのです。

つまり「水が高いところから低いところへと去るように流れていく真理」を「法」としているのです。

水の流れのように、自然に生きていくことこそが、人間としてのあるべき姿なのです。

たとえば私たち僧侶はお経を唱えながら、仏様の前をぐるぐると回ります。
このときは必ず右回りです。

どうして右回りかと言うと、右回りこそが「順転」だと考えられているからです。

お釈迦様が活動されたのは、北半球でした。この北半球ではすべてのものが右回りになっています。

いちばんわかりやすいのは、お風呂の栓《せん》を抜いてみると、排水口に流れていく水は必ず右回りで吸い込まれていきます。また、北半球にある植物のツルも必ず右回りに伸びていきます。

これらは南半球ではすべて逆になります。地球の磁力によってそうなっているのです。

すべての生きものや現象は、こうして大きな自然の力によって生かされているのです。

大きな流れに流されて、私たち人間も生きているのです。

もし、どんなに必死に頑張ってもうまくいかないと思っている人は、その流れに逆行しているのではないでしょうか。

この大きな流れは、「当たり前」のものです。ですから、その力に逆らうことなく生きられたら、無理することもなく、そして人間としての本質を失うこともなく、生きていけるように思います。

訪れる運や縁に流されながら生きていくことです。

人生には、苦しみや悲しみに見舞われることもあります。そういうときも、その悲しみにさえも流されることです。無理をして悲しみを閉じ込めようとせず、涙が涸《か》れるまで泣くことです。

耐えきれないほどの苦しみが襲ってきたとき、そしてそこから逃れることができないのであれば、いっそ苦しみ抜くことです。

どんな苦しみや悲しみも、それが永遠に続くことはありません。

いつか必ず、あなたの人生の流れは変わるはずです。その流れが変わるまで、ともかく今を一生懸命に生きることです。

苦しみや悲しみが深ければ深いほど、その流れが変わったときの喜びや嬉しさは、人一倍大きいものです。

これはその苦しみや悲しみを味わった人でなければ感じることができない尊いものです。

苦しみや悲しみがあるということは、すなわちあなたが今生きているということです。

そのことに感謝しつつ、前を向いて歩き続けてください。歩みを止めるそのときまで、私たちは生きなければならないのです。

合掌

枡野俊明（ますの しゅんみょう）

1953年神奈川県生まれ。曹洞宗徳雄山建功寺住職、庭園デザイナー、多摩美術大学環境デザイン学科教授。玉川大学農学部卒業後、大本山總持寺で修行。禅の庭の創作活動を行い、国内外から高い評価を得る。芸術選奨文部大臣新人賞を庭園デザイナーとして初受賞。ドイツ連邦共和国功労勲章功労十字小綬章を受章。2006年『ニューズウィーク』日本版「世界が尊敬する日本人100人」に選出される。おもな作品に、カナダ大使館（東京）、セルリアンタワー東急ホテル日本庭園など。おもな著書に『禅―シンプル発想術』『心がやすらぐ、お別れの心得』『人生でいちばん大切なこと』（以上、廣済堂出版）など多数ある。

流されて生きなさい

2017年10月10日　第1版第1刷
2017年12月13日　第1版第2刷

著　者　枡野俊明

発行者　後藤高志
発行所　株式会社廣済堂出版
〒101-0052
東京都千代田区神田小川町2-3-13 M&Cビル7F
電話　03-6703-0964（編集）
03-6703-0962（販売）
Fax　03-6703-0963（販売）
振替　00180-0-164137
URL　http://www.kosaido-pub.co.jp

印刷・製本　株式会社廣済堂
DTP　株式会社三協美術
ブックデザイン　清原一隆（KIYO DESIGN）
編集協力　網中裕之
編集担当　真野はるみ（廣済堂出版）

ISBN978-4-331-52123-6 C0095

＜廣済堂出版＞ **枡野俊明の好評既刊**

人生でいちばん大切なこと
死ぬとき後悔しないために

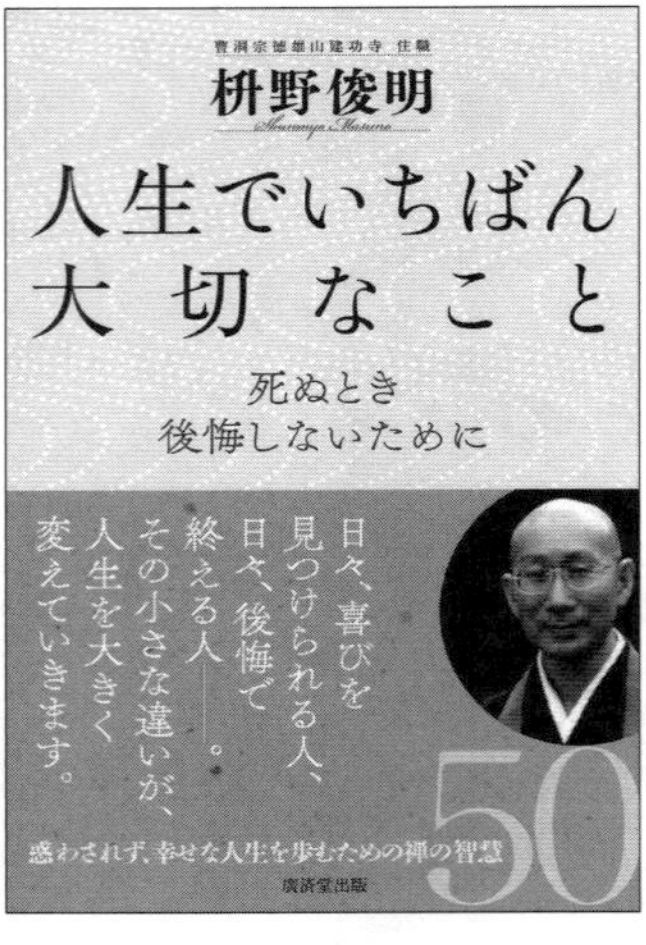

定価 1300円＋税

四六判 ソフトカバー

ISBN 978-4-331-52043-7

「あなたにとって、一番大切なことはなんですか？」

それを見つけられる人は幸せです。それを見つけられないから、私たちは後悔してしまうのです。

惑わされず、人生を歩むために必要な禅の智慧がつまった1冊。